我與我之外的距離
如何建立更好的關係

作者 ▌韓玲玲／謝昌任

目錄

前言

英國詩人約翰·多恩（John Donne, 1572–1631），在他的名詩《沒有人是孤島》（*No Man Is an Island*）中，表達個人與他人（包含家人、朋友、工作夥伴等等）、與整個社會、與所處的土地環境、與整個地球和宇宙，都有著緊密的關係。

在廿一世紀的我們，更可以深刻地感受到這種緊密性。媒體和科技的發展，讓整個宇宙彷彿可以在一瞬間連結起來，甚至病毒的傳播感染，也可以在一夕之間來到我們眼前。

《做21世紀的人才》（李開復，聯經出版）一書中，提到了21世紀最需要的七種人才特質：

- 融會貫通
- 創新實踐
- 跨界融合
- 三商皆高（智商IQ、情商EQ、靈商SQ）
- 溝通與合作能力
- 從事熱愛的工作
- 積極樂觀

其中的「**溝通與合作能力**」，就是在講人際關係，而其他的六項特質，其實也跟「關係」離開不了干係。我們生活在一個網絡裡，各種關係密切地連結在一起，多元而複雜。

我在《我們與自己的距離：如何認識你自己》一書中，主要探討了「自己與自己的關係」，我們回顧自己的生命歷程，可以從中重新認識自己。而本書則是要進一步**探討各種「關係」對我們的影響，從而學習如何增進自己的溝通能力**，並讓自己的對外關係，能夠朝正面的方向發展。

本書中所謂**對外的關係**，包括：

- 與家庭成員的關係：例如親子、夫妻或旁系親屬等家族關係。
- 在學習歷程中，所遇到的任何相關人物：例如兒時玩伴、師長、同儕、社群團體。
- 與社會的連結：例如各種資訊媒體的訊息、工作夥伴、社交朋友。
- 與外在環境的連結：例如地球溫度的轉變、環保事件、空氣品質狀況、病毒流行。
- 與太陽系、銀河系、浩瀚宇宙的關係。

這些「與外在的關係」，有形無形地都會影響到我們自己，可能是影響到身體健康，可能是影響到心理情緒，可能是影響到生存的品質，甚至會影響到個人的生命安危。

在本書，我們會對各種層面的關係，進行深度探討，這將有助於去面對我們多元的處境，當我們與外界的關係出現問題時，本書能夠教導**如何解除困境**。除此之外，透過這樣的省思與學習，我們也可以領悟到更豐富的生命意涵。

　　這不是一本高深的學識著作，而是透過深入淺出的文字，使人學習如何面對並處理自己與外界的關係。本書的主要對象是青少年，希望能在奠定人格基礎的成長過程中，**審視並學習處理成長背景中的「關係」狀況，並培養良好的能力，可以在未來的人生旅途中，與外在建立更和諧的「關係」**。

　　不過，「關係」是人一輩子的學習課題，成年人也可以透過本書，回顧自己的生命經驗，重新體會自己的人生，開創另一番的「外在關係」，提升自己的生命層次。

沒有人是一座孤島，獨踞而立。
每個人都是陸地的一小塊，
都是主體的一部分。

No man is an island, entire of itself;
every man is a piece of the continent,
a part of the main.

英國詩人約翰·多恩
（John Donne, 1572 –1631）

第一章

人際溝通的困境與突破

第一節　什麼是溝通

什麼是溝通呢？《教育部重編國語辭典修訂本》的釋義是：

1 開鑿溝渠使二水相通
2 使彼此融會或通連

簡明來說，就是讓兩個狀態或是兩個人彼此之間能夠連結。這樣說來很簡單，但實際上有著很複雜的情況。有人可能會想，溝通有什麼困難的呢？不就是「我說你聽、你說我聽」嗎？這麼簡單的事，有什麼好複雜的呢？

在我們的生活裡，我們跟有些人可以相談甚歡，跟有些人就話不投機半句多，甚至跟某些人很容易會惡言相向。同樣是我這個人，但是因為對象不同，溝通狀況就會有很大的差別。

我們與別人、與外界一切的交流，都需要靠溝通。溝通的方式，也不只是「我說你聽、你說我聽」而已，**溝通有多層面：**

✠ 溝通除了語言部分，還有**隱性的訊息**，像是表情、手勢、姿態、口氣等等，這都是溝通的一部分。

⛨ 我們所講出來的話，都帶著個人的想法、情緒、感受、需要等等，所以往往都**不是客觀陳述**。

⛨ 個人的**人生觀、文化背景**等因素，也都會影響到溝通的效果。

　　由此可見，我們在與人溝通時，不論是傳達訊息還是接收訊息，其實是很多層面、很複雜的。所以我們說溝通是一門藝術，是一門大學問。

　　人際溝通並不只是彼此講講話這麼簡單，事實上，人際的溝通與互動，是很容易讓我們感到挫折的。在《人際剝削》（洪培芸，寶瓶文化）一書中，提到了人際之間的「剝削」現象，「人際剝削」造成人際互動上的困難與挑戰，甚至是令人痛苦的。

　　本書一開始，我們就要先來探討**人際溝通的困難點，並提供方法來突破這些困難。**我們會講到美國家庭治療大師維琴尼亞・薩提爾（Virginia Satir, 1916–1988）所提出的「**冰山理論**」（iceberg theory），這是人際溝通的重要議題。我們可以透過運用冰山理論，來清除溝通障礙，疏通我們與他人的溝通渠道。

美國家庭治療大師
維琴尼亞・薩提爾
(Virginia Satir, 1916–1988)

瑞典行為科學家托馬斯・埃里克森（Thomas Erikson, 1965–）在《溝通的困境》（*Surrounded by Idiots*）一書中提到，「**所有的溝通，都取決於受眾**」，這個意思是說，**你對別人所說的話，會經過對方的視角、觀念、偏見的過濾，過濾後所剩下的內容，才能傳達到對方那邊。**也因此，對方如何理解我們所說的話，不是我們所能掌控的，所以人際溝通常會存在誤解的情況。

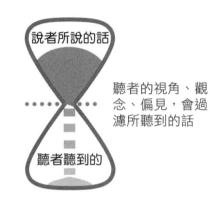

說者所說的話

聽者的視角、觀念、偏見，會過濾所聽到的話

聽者聽到的

> ＞ 範例 1–1 ＜

　　我以前在一個機構服務時，有過一個被同事誤解的經驗。這位同事是我部門的主任，我們之前的互動和合作都很和諧，我尊稱她為大姊。可是後來，她突然說我巴結長官，覬覦她的職位。她向部門同事表達她的擔憂，甚至哭訴，結果同事紛紛向我瞟來疑惑的眼神。

14

但事實是，我非但沒有巴結長官，想取代她的位置，相反地，我因為個人生涯規劃的關係，正在擬寫辭呈。但因為辭職是個人的事情，我沒有跟同事們透露。我忙著整理物品、寫交接資料，所以對同事們疑惑的眼神，也就沒有放在心上。

沒多久，一位同事私下來詢問我，我聽了很錯愕，覺得很冤枉。我情緒一時上來，覺得同事們怎麼可以這樣誤解我，我是這種汲汲營營、搶人職位的人嗎？我感到難過和憤怒。

但是，當我靜下心來之後，我發現我的作法還真的會讓別人誤會，怎麼說呢？因為那陣子是人事部門的考核時期，長官找我談話，要我去接另一個單位的職務，於是我便說出自己的生涯規劃，但是長官仍希望我能接任新職。也因此，在那段時間，我常常進出長官的辦公室，難怪別人會誤解。加上這位部門主任比較沒有安全感，擔心會失去職位，所以才會產生這樣的誤會。

最後，我帶著辭呈去找部門主任，她一開始還拒絕與我交流，我拿出辭呈，跟她說了自己的生涯規劃，並感謝她多年對我的照顧與教導。她聽完之後，感到很意外，滿臉通紅地說不出話來。

我沒有提到她誤解我的事情，只是以不打擾她辦公為由，鞠個躬就離開。後來，這位主任對我的態度一百八十度轉變，還想為我舉辦歡送會，但我婉謝了這份好意。離職後，這位主任還常常提到我，也會在同事面前誇獎我。

　　這個事情的本身並不複雜，但是我和主任的誤解關鍵，在於我的「觀念」認為，「這是我個人的事情，不需要跟別人多做解釋」，而主任的生命經驗又比較沒有安全感，所以她「感覺」到害怕。因為我們不在同一個平面上，她不知道我的「觀念」，我也不瞭解她的「感覺」，又沒有透過溝通來達到相互理解。幸運的是，我在知道被誤解後，沒有陷在冤枉或難過的「感覺」中，反而勇敢地去向對方「表達」真實的情況，化解了彼此的誤會。

　　雖說人際溝通不掌握在自己的手中，難道我們就不和別人溝通了嗎？當然不是，除非我們生活在與世隔絕的孤島上，否則我們只要與人相處，就少不了要溝通。

　　溝通是人類社會無法避免的部分，對人的影響也很大，所以我們應該要正視溝通問題，學習更好的溝通方式，這是增進幸福感不可或缺的一環。

在《可複製的溝通力》（樊登，中信出版社）這本書中，作者提到，**溝通力是指「一個人與外界交流訊息的能力」**，在這裡要注意的是：如果表達方式過於自我和直白，反而會限制了溝通力。很多時候，不經大腦、脫口而出的話，會阻斷彼此的溝通。我們應該要留意自己的溝通問題，提升自己的溝通力，這樣不只能創造良好的人際關係，也能提升社會競爭力，自己才能更上一層樓。

不過，在學習溝通方法與技巧的同時，最根本是要**回到自己的內在深層心理**，學習覺察自己真正的內心狀態，例如，你可以問自己：

- ♥ 我是否過於自我中心了？
- ♥ 我的自我感、自我價值、自尊，是否不足或太過？
- ♥ 我的情緒是否過於混亂？

這些內在的問題都會成為溝通的障礙，所以在學習溝通理論與技巧之際，我們也要學習**省察自己的內心**，走出自我局限的藩籬，才能真正和他人產生良好的溝通和互動。

關於自我認識的這個部分，可參考《我們與自己的距離：如何認識你自己》（寂天出版）一書。

薩提爾的冰山理論

水平線

1 行為 behavior
（行動、歷程）

2 應對方式 coping （型態）

3 感官感受、情緒感受 feelings
（興奮、憤怒、傷害、恐懼、悲傷）

4 對感受的感覺 feelings about feelings
（例：對自己的難過感到生氣）

5 觀點 perceptions
（概念、規條、過去經驗、成見）

6 期待 expectations
（對自己的、對他人的、來自他人的）

7 渴望 yearnings
（被愛、被關注、被認同、
被接納、自由、歸屬感、
有價值、安全感、獨立）

8 自我 self
（生命力、精神、
靈性、核心、
本質）

第三節　人際溝通的突破與冰山理論

　　左頁的圖，是薩提爾著名的「冰山理論」。在圖中，露出水平線上的是人的行為，包含行動和歷程，這表面上看起來很單純，事實上，在水平線下有著複雜的內在，薩提爾區分出七個層面：身體的感官感受、情緒感受、對感受的感覺、觀點信念、期待、渴望和自我。

　　接下來，我們將應用上述的〔範例1-1〕，逐一說明各個層面。

1 行為

　　這是水平線上的外在層面，通常是以「眼見為實」的方式呈現，但是很多經驗告訴我們，「眼見」不一定是事實。

範例1-1 因為我頻繁進出長官辦公室，所以主任誤會我想取代她的職位。

2 感受（情緒）

　　接下來要探討的，都是在水平線下。首先，感受可區分身體與心理兩種感受。身體的感受有很多層面，像是疼痛、冷熱、緊繃、放鬆、痠麻，或是心臟抽痛、胃痙攣、腸絞痛等。

心理的感受指各種情緒，像是害怕、生氣、難過、緊張、焦慮、悲傷、興奮、開心、平安等。不管是身體或是心理的感受，都需要我們去察覺，可惜我們往往忽略了這些感受，導致我們的人際關係產生了負面的質變。

範例1-1 主任感受到「害怕」，她的內心不安、生氣，
　　　　她跟同事說她睡得不好，頭很痛。

３ 對感受的感覺

我們會對自己身心的感受進一步產生感覺和評價，**這些感覺和評價，會回過頭來影響我們的真實感受。**

範例1-1 我對主任和同事的誤會感覺委屈，然後進一步
　　　　對委屈的感受，產生了難過和生氣的感覺。

４ 觀點

我們的觀點是由經驗所形成的，例如來自原生家庭的觀念，或是在學校所學習到的。觀點包括自己對他人的觀點、他人對自己的觀點，以及自己對自己的觀點。有些觀點會進一步變成「成見」，影響自己與其他人甚至是其他群體的關係，例如種族歧見。在反思自己的原生背景之後，我們也可能會建立新的觀點。

範例1-1 我的觀點是：離職是我個人的事，不需要跟大家講。

5 期待

期待包括對自己的期待、對他人的期待，還有他人對自己的期待。有所期待，就會有符合期待或期待落空的情況發生，有些期待的落空甚至會影響我們一輩子，讓我們產生許多負面情緒。

我們的內心深處，還可能隱藏著不合理或不實際的期待，這都需要我們去覺察，然後加以調整，重新做選擇，不然就會相當程度地影響我們的生活。

範例1-1 主任的期待很簡單：能平安順利的保有工作。
我的期待是開展另一個階段的生涯規劃。

6 渴望

人的內心有一些基本的渴望，像是渴望被愛、被關注、被認同、被接納、自由、歸屬感、有價值、安全感和獨立等。

範例1-1 我渴望能被主任和同事認同，即使我辭職離開，她們也還是能肯定我，認同我工作期間的價值。

這些基本渴望不一定都能夠得到滿足，我們有時還會忽略這些渴望，導致自我認同不足。

反之，我們的渴望如果能夠得到滿足，就能體驗到生命力，這也是薩提爾所謂的「第三度誕生」。

所謂**三度誕生**是：

- ♥ 第一度誕生：精子與卵子的結合。
- ♥ 第二度誕生：人的出生。
- ♥ 第三度誕生：人選擇成為一個成熟而獨立的個體。

7 自我

這是生命能量匯聚之處，是內在最底層的力量，包括生命力、靈魂、靈性、本質等。

〔範例1-1〕 基於對主任的關懷，我突破了我的「觀念」，勇敢地向她做出說明。最後的結果是：主任得以放心，我的內在也產生了喜樂與生命的動力。

小結

冰山理論是薩提爾人際關係理論的基礎，在其他的人際溝通理論中，也有類似的基礎觀點，因為行為、感受、情緒、觀點、自我等等，是人類的共通性。

我們要學習活用冰山理論，這可以幫助我們突破人際溝通的困境。在下一章，我們會在這個基礎上，進一步介紹幾位大師的溝通模式和實踐方法。

右頁的圖，是〔範例1-1〕的整理。

冰山理論 範例 1-1

① 行為 因為我頻繁進出長官辦公室，所以主任誤會我想要取代她的職務。

應對方式

② 感官感受 情緒感受 主任感受到「害怕」，她的內心不安、生氣，她跟同事說她睡不好，頭很痛。

③ 對感受 的感覺 我對主任和同事的誤會感覺委屈，然後進一步對委屈的感受，產生了難過和生氣的感覺。

④ 觀點 離職是我個人的事情，不需要跟大家講。

⑤ 期待 主任的期待很簡單：能平安順利的保有工作。我的期待是開展另一個階段的生涯規劃。

⑥ 渴望 我渴望能被主任和同事認同，即使我職離，她們還是能肯定我，認同我工作期間的價值。

⑦ 自我 基於對主任的關懷，我突破了我的「觀念」，勇敢地向她做出說明。最後的結果是主任得以放心，我的內在也產生了喜樂與生命的動力。

第二章

人際溝通的
模式與方法

人際溝通的模式多元又複雜，對人的影響也很大。上一章，我們介紹了維琴尼亞‧薩提爾的冰山理論，探討了人際溝通的基礎模式。在本章，我們除了繼續進一步介紹薩提爾的人際溝通模式，也會提出現代人際關係教育的奠基人**戴爾‧卡內基**（Dale Carnegie, 1888–1955）的「**溝通與人際關係**」理論。

接著，我們也會講到非暴力溝通專家**馬歇爾‧盧森堡**（Marshall Rosenberg, 1934–2015）的理論，盧森堡推動**非暴力溝通**（又名**善意溝通**），為人際溝通注入了柔性的力量，為人際交流提供很好的助力。

最後，本章會介紹美國諮商師**蓋瑞‧巧門博士**（Gary Chapman, 1938–）的「**五種愛之語**」（five love languages）的溝通方法，幫助加強人際之間的溝通能力，建立更好的關係。

本章將介紹：

- ✠ 薩提爾的五種溝通型態
- ✠ 卡內基的三十個溝通原則
- ✠ 盧森堡的4D語言和4C語言
- ✠ 蓋瑞‧巧門的五種愛之語

第二節　薩提爾的五種溝通型態

　　薩提爾提出五種人際應對的型態，前四種屬於習慣性的應對型態，第五種是最健康的人際應對與互動：

1 指責型
blaming

2 討好型
placating

3 超理智型
super-reasonable

4 打岔型
irrelevant

5 一致型
congruent/leveling

指責型
blaming

1

特點

1. 自我價值感低。
2. 什麼事都看不順眼。
3. 外在表現出責備的方式，內心隱藏著寂寞和不成功的失落感。
4. 對人吹毛求疵，行事上獨裁。
5. 用優越的外在表現，去證明自己的高人一等。

慣用語

 你總是……

說明

指責型的人只重視自己，忽略他人，與人來往時，往往採用**否定**或**命令**的方式，這種溝通方式的效果往往是表面性的，就像溝渠的水，表面上可以流通，但是由於淤砂沉積，終有一天會堵塞。

討好型
placating

2

特點

1. 自我價值感低。
2. 往往是別人眼中的好好先生、好好小姐。
3. 對別人的意見都會表示同意，內心認為「沒有人會喜歡我」。
4. 是犧牲者或逢迎者，面對事情時，往往以他人為尊。

慣用語

是的

說明

討好型的人和指責型的人相反，他們在乎的是他人，而忽略了自己，給人唯唯諾諾的感覺，不會表達自己內心的真實想法，**怕別人會不喜歡，自己會因此得不到他人的重視或關愛。**

他們臉上常帶著微笑，其實內心很壓抑。他們就像一個沒有出口的壓力鍋，不知道哪一天會因為無法承受壓力而爆發出來。

超理智型
super-reasonable

3

特點

1. 與人交往時，滿口道理，非常理性，對話內容有很多解釋與分析。

2. 外表呈現出「穩定、冰冷、鎮定」的態度，以此來保護自己內心的孤獨空虛感。

3. 內心柔弱，容易在別人的言語行為中，感受到傷害或是被攻擊。

4. 身體語言僵硬，冰冷沒有溫度。

5. 聲音單調無起伏，表達的語言抽象。

說明

超理智型的人，像是一個沒有心的機器人。他們忽略自己，也忽略他人，不能表達出內心的情感或情緒。

他們會以言語來爭辯是非對錯，卻無法真實地表達自己。

他們會用理性的方式，來維護自己內心的柔弱，也會把自己真實的內心感受掩蓋住。

打岔型
irrelevant

4

特點

1. 自我價值感低。

2. 專注力不足，說話不切題，內容沒有意義，與人不在同一個頻率上。與人交談時沒有什麼交集，甚至會把話題岔開。

3. 外在令人感覺很忙碌，變化性很大。和別人相處時，會忽略別人的存在，甚至不清楚自己處在什麼場合中。

4. 內心會有混亂和寂寞的感覺，不太觸及自己內心的真實感受。

說明

打岔型的人在和別人交往時，會有失焦的情況，這也是一種自我保護的方式，不去表達自己內心的真正想法與感受。所以他們在和別人相處時，人雖在，心卻不在，這樣的情況也會加強內心的失落感和孤獨感。

5

一致型
congruent/ leveling

特點

1. 所說的話、表情、姿勢、聲調，都與真正的談話內容一致。

2. 內心和諧寧靜，使人感覺舒服。與人交往時，外在專注而放鬆，令人感到輕鬆與自在。

3. 重視自己、尊重他人，也會營造良好的人際情境。

4. 會面對自己內心的真實感受，也懂得如何表達。

說明

這是最健康的應對型態，簡單來說，一致型就是「內外一致」的人。他們會清楚且負責地表達自己的感覺、想法和期待。

他們態度溫和、自信、積極、愉快、溫和、尊重、關懷，能同理他人，也會表達對人的讚賞與肯定。

在薩提爾的五種溝通模式中，前四種都有不足之處，所以在人際交往中會產生負向的問題。「一致型」是最理想的，但是並不容易學習，因為要能夠**清楚地意識到自己內心的真實感受、想法、期待和表達的方式**，才能成為一致型的人。

要如何練習成為一致型的人呢？首先，我們可以運用薩提爾的冰山理論，掌握建構人際關係的方法。透過冰山理論，我們**「覺察」自己的內在狀態**，例如，探索幼年至今的生命經驗、成長過程中的情緒表現、面對事件時內心的真正感受等，這樣才能進一步學習去面對他人的生命狀態。

在薩提爾的溝通理論中，最重要的部分就是**先學會「和自己溝通」。我們可以學習讓自己的冰山全貌浮出水平面，向自己、向他人展現自己內在的真實狀態。**

唯有願意面對、傾聽自己內在的真實狀態，學習平心接納，同理自己與他人，並懷著渴望成長的動力，才能和他人建立真實的人際關係。

1936年，戴爾・卡內基出版了《卡內基溝通與人際關係》（*How to Win Friends and Influence People*），台灣讀者比較熟悉的書名是《人性的弱點》，這本書在紐約時報暢銷書榜盤踞了十年之久。

在卡內基技術學院的一項研究中，調查了工程界對「成功因素」的看法，結果顯示：

✠ 15%的人認為，成功的因素取決於**專業技能和知識**。
✠ 85%的人認為，成功的因素取決於**性格和領導能力**。

性格和領導能力，雖然人人生而不同，但是透過後天的學習和努力，可以變成自己的優勢。

卡內基多年積累所建立的溝通原則，能夠幫助我們調整自己的性格，提昇領導能力。透過有意識的自我學習與練習，我們能夠培養出良好的個性，擁有良好的人際溝通能力。

　　首先，你是否想過以下這些問題：

　　♥　如何處理人際關係？

　　♥　如何讓自己受歡迎？

　　♥　如何說服別人？

　　♥　如何領導別人？

　　卡內基列出了三十個溝通原則，分成四大類，回答了上述的問題。四大類的主題分別是：

1　處理人際關係的基本技能
2　如何讓自己受歡迎
3　如何讓別人的想法和你一樣
4　如何領導他人

　　以下，我們將逐一列出三十個溝通原則，然後再進一步做範例的應用與分析。

卡內基的三十個溝通原則

1 處理人際關係的基本技能

原則 1　不批評、不責備、不抱怨。

原則 2　給予真誠的讚賞和感謝。

原則 3　引發他人心中的渴望。

2 如何讓自己受歡迎

原則 4　真誠地關心他人。

原則 5　經常微笑。

原則 6　人聽到自己的姓名，耳朵都會為之一開，所以可以親切地稱呼別人的名字。

原則 7　多聆聽，鼓勵別人多談自己的事。

原則 8　談論他人感興趣的話題。

原則 9　衷心讓他人覺得他很重要。

3

如何讓別人的想法和你一樣

原則 10 要從爭辯中獲得好處的辦法，就是避免爭辯。

原則 11 尊重他人的意見，切勿對別人說「你錯了」。

原則 12 如果是自己錯了，要立刻認錯。

原則 13 一開始就要用友善的態度和別人交往。

原則 14 讓別人可以很快的回答「對，對」。

原則 15 多讓別人說話。

原則 16 讓別人覺得這主意是他想到的。

原則 17 真誠地用別人的角度去瞭解一切。

原則 18 同理別人的想法和願望。

原則 19 訴求更崇高的動機。

原則 20 將你的想法做戲劇化的說明。

原則 21 提出挑戰。

4

如何領導他人

原則 22 凡事都以真誠的讚賞和感謝為前提。

原則 23 用間接的說法指出他人的錯誤。

原則 24 先說自己錯在哪裡,然後再批評別人。

原則 25 用問問題來取代直接的要求。

原則 26 一定要顧到他人的面子。

原則 27 只要稍有改進就給予讚賞。
嘉勉要誠懇,讚美要大方。

原則 28 給別人願意全力追求的美譽。

原則 29 多多鼓勵別人,讓別人覺得過錯很容易改正。

原則 30 讓別人覺得,照你的意思去做,何樂而不為。

三十個原則，乍看之下好像很多，但是並不難懂。我參加過卡內基的經理人訓練班，就上述的三十個原則，一一做過練習。我剛開始學習時，覺得內容好多，有點頭昏眼花，不知從何下手。其實，我們不需要一次學習完所有的原則，那就像一次吃下一席滿漢大餐一樣，會消化不良。

　　我們可以**選擇我們最想先實行的原則，逐一去學習。給自己設定一段時間**，譬如一個星期、一個月，在這段時間內就專心來練習、實踐某一個原則，等到有一定的熟練程度了，再來進行下一個原則的學習。如果是同質性比較高的原則，可以一併進行。以下是我學習過程中的一些經驗。

範例 2-1

　　我選擇從第一組「處理人際關係的基本技能」的第二個原則開始，「給予真誠的讚賞和感謝」。

　　我在辦公室中觀察，我看到有一位女同事，她的臉上常掛著笑容，和人說話時，也是輕聲細語的，讓人感覺很舒服，和她說話沒有壓力，所以很多同事在經過她的辦公桌時，會給她一個小小的招呼，感覺她的人緣非常好。

　　觀察到這一點後，我開始我第一個練習。我在一張小紙條上寫道：「我要衷心感謝你，每天看到妳的笑容，都讓我從內心開心了起來。」然後我在紙條上署名，把小紙條交給她。她看完小紙條後，開心地對我送來微笑。

之後，只要看到別人有什麼美好的事情，我就會用口頭表達，或是寫張小紙條，向對方表達我真誠的讚賞與感謝。

一段時間之後，有同事問我為什麼會這樣做。我說明了我在卡內基上課的內容，以及我所做的練習。

隔天，我收到這位同事的小紙條，她說：「謝謝你告訴我這個方法，我覺得你的做法很棒，我也要向你學習跟進。」

她學得可真快呀！一個月之後，辦公室的氣氛變得不一樣了，同事們的臉上多了笑容，彼此的關係也變得更親切了。這真是出乎我的預料，一個小小的原則，竟帶來了這麼好的影響。

因此，不要擔心原則太多，這些原則都與我們的生活息息相關。只要有心，願意去學習，逐一去練習，一天天的進步，會累積出令人驚喜的效果。

第四節　盧森堡的4D語言和4C語言

馬歇爾·盧森堡提出的**非暴力溝通**（non-violent communi-cation），又稱為**善意溝通**（compassionate communication），其目標是：**用心聽，溫暖說**。

善意溝通有四個步驟：

STEP 1	STEP 2	STEP 3	STEP 4
觀察事實而不評論	辨別並表達自己的感受	表達自己的需求	用正向的語言向對方提出明確的請求

這也就是盧森堡的「4C」語言，這個在後面會說明。我們先來看下面這個例子：

範例 2-2

　　一位朋友説了她與女兒之間發生的事情：這天上午，朋友因為女兒想去參加一個挑戰性的活動，但是身為母親的難免會擔心，便想阻止女兒參加。

　　母女倆講著講著，就吵了起來。母親情緒激動地對女兒説：「你要是去參加那個活動，我就當沒你這個女兒。」

　　女兒聽到媽媽這樣講，氣得轉身跑出家門。

到了晚上十點，女兒還沒有回家。父母開始著急，擔心女兒會發生危險，或是離家出走。到了十二點半，女兒還是沒有回來，母親急得在客廳裡掉眼淚，父親則打電話四處找人。

　　母親懊悔地說：「都怪我說那麼重的話，只要她平安回來就好，我不會再阻止她了。她要是有什麼三長兩短，我也不想活了。」

　　父親在一旁說：「你早這樣想就好了，好好跟她說，就不會發生這種事了。」

　　將近一點的時候，傳來了開鎖的聲音，接著客廳的大門被推開。女兒走了進來，瞪大眼睛對著父母說：「你們怎麼還沒睡？這麼晚了還在客廳裡？」

　　母親看到女兒回來，立刻從沙發上跳起來，大聲說道：「你怎麼搞的，這麼晚還不回來，也不說一聲，我怎麼會生出你這麼不懂事的女兒！」

　　女兒聽到母親破口大罵，氣得又想轉身離家出走，還好父親拉住了她，好言好語地勸住了女兒，一場家庭衝突才告一段落。

　　我問朋友說：「你那麼擔心女兒，怎麼她一回來，你又開始罵她呢？」

　　朋友說：「我也不知道，一看到她平安出現在我眼前，我一方面鬆了口氣，另一方面又忍不住想罵她，覺得她怎麼那麼不懂事，不知道父母會擔心嗎？」

事實上，女兒前一天晚上已經告知過母親，她隔天要和幾位朋友討論事情，會很晚才回家，但是朋友會送她回來，不用擔心，是母親自己在生氣和緊張中忘記了。

　　在你的生活中，是否也發生過類似的事件呢？母親原本是擔心會有危險，所以反對女兒參加。沒想到，心急如焚的母親好不容易盼到女兒平安回家，卻又大發雷霆，一味地責怪女兒，這樣女兒如何能感受到母親的關心與焦慮呢？甚至導致母女兩人第二波的衝突。

　　這就是人際溝通中的一種狀態：**我們不知道如何聽話，也不知道如何說話**。原本的好意，卻用了反效果的方式說出來，接下來的誤會和衝突就可想而知。

　　對於這種常見的困境，要如何處理呢？

衝突的4D語言

　　盧森堡指出了容易造成衝突的「4D語言」，這是溝通失敗的主要原因。所謂「4D語言」，是指：

1 Diagnosis 論斷
2 Denial 否定
3 Deserve 應該
4 Demand 要求、命令

衝突的 4D 語言

1 論斷
Diagnosis

包括

		→	**造成的結果**
道德判斷	指責		被評價
貼標籤	評論		
分析	揣測		
比較	同情		
諷刺	質問		
對質	倚老賣老		

2 否定
Denial

包括

		→	**造成的結果**
辯解	更正		不面對
敷衍	風涼話		
推卸責任	敷衍搪塞		
否定對方的想法或感受			

3 應該
Deserve

包括

		→	**造成的結果**
加責任	講大道理		說教
馬後炮	因果說		
如果說			

4 要求 命令
Demand

包括

		→	**造成的結果**
指示	要脅		壓力
命令	威脅		
恐嚇	情緒勒索		

在說這些「4D語言」時，**說話者具有以下特點：**

✠ 以說話者的自我為中心。

✠ 看到問題的核心，卻沒有看到別人的內心需求。

✠ 以改變對方為訴求。

想當然耳，這樣的溝通是不會有好的結果的。

盧森堡提出的建議是：

♥ 溫暖說

★ 不帶批評或指責
★ 清楚地表達自己

♥ 用心聽

★ 略過批評或指責
★ 同理地接收他人
　的訊息

盧森堡的溝通理論認為，「慈悲是天性，暴力來自教育」。當胎兒誕生時，純真如天使，但是在成長過程中，學習經驗逐漸塑造了每個人不同的特質。

溝通方式是從經驗中所累積出來的，我們也可以藉由學習來改變不好的溝通方式。盧森堡的善意溝通理論，便是教導如何學習更好的溝通方式。

「4D語言」會產生非常負面的效果，盧森堡提出「4C語言」來改善溝通模式。善意溝通和薩提爾的冰山理論，都是**幫助我們從外在的行為表現，進入到自我覺察的內在層次。**

善意的4C語言

盧森堡的「4C語言」，就是「善意溝通」的四個要素：

1 Observation 觀察
2 Feeling 感受
3 Need 需要
4 Request 請求

善意的 4C 語言

1
觀察
Observation
→ 不帶評論的觀察和表達。

2
感受
Feeling
→ 同理對方，並表達自己與對方的感受。

3
需要
Need
→ 去瞭解自己與對方的內心需求。

4
請求
Request
→ 提出自己的努力方向，並邀請對方一起參與。

1
觀察
Observation

善意溝通的四個要素，第一個是「觀察」。在溝通理論中，露出水平線之上的，是我們的行動與立場。在這個層次中，容易在「眼見為實」的情況下，形成誤會、造成衝突。

譬如，我看到對面有兩個人在談話，其中一位對我瞟了幾眼，這樣的行為，可能會導致我認為那兩個人在談論我。

一旦我有了這樣的想法，我的內心就會有很多小劇場，甚至會產生負面的情緒。除非我走過去問清楚情況，否則我會一直在那裡打轉。

那麼，如果我要過去問清楚，我應該要如何詢問呢？如果我說：

✕ 我是做了什麼事得罪了你嗎？
　你好像對我有意見，一直在瞟我？

這樣的詢問語氣，很難不產生爭執。這時候，我們可以**用善意溝通的表達方式**：

✓ 我剛剛看到你在看我，不知道是否有
　什麼事和我有關嗎？

這樣的表達是**基於「觀察」，講述的是一個事實，不帶任何判斷與評價。**在與人溝通時，只**表達出自己實際觀察到的現象，避免掉入主觀的評價，**就能夠有效地避免誤會和衝突。

2 感受 Feeling

善意溝通的第二個要素是「想法與感受」。在冰山理論中，水平線以下的，是人的想法、感受和需要。

「想法」不等於「感受」，我們口語中常會用「我覺得」，事實上「我覺得」所表達的是想法，而不是感受，譬如「我覺得他不喜歡我」、「我覺得他誤會我了」。

「想法」的形成有其背景，個人的經驗會影響自己對事情的想法。在溝通的時候，如果我們說的是「想法」，而不是「感受」，那就無法觸及內在情緒，譬如：

✗ 你剛剛說話的樣子，我覺得你不喜歡我。
✓ 你剛剛說話的樣子，讓我感到害怕。

上面這兩句話，第一句是表達「想法」，第二句是表達「感受」。

3
需要
Need

善意溝通的第三個要素是「需要」。「感受」的背後所表達的是「需要」。美國心理學家亞伯拉罕‧馬斯洛（Abraham Maslow, 1908–1970）提出需求理論，整理出人的各種需要。人們會渴望透過各種方式，來滿足自己的需要。

盧森堡認為，當我們判斷、批評、論斷或解讀別人的話語或行為時，其實都在以疏離的方式，表達自身的需要和價值觀。他認為，人們應該**要明確地表達自己的需要**。例如，「我需要你每個星期最少陪我兩個小時」、「我需要你在我難過的時候，握著我的手」。

4
請求
Request

善意溝通最後一個要素是「請求」。在《我想和你好好說話》一書中，是這麼表達請求：請求的目的，是在處理一個基本問題──如何讓我們的生命更加美好。

4C的四個步驟：**先是觀察實際的狀況，然後感同身受，發現彼此內在的需要，最後用邀請的方式，讓對方一起參與這個改善計畫。**

這裡的請求並不是放棄自己的自尊，將自己卑微地放在他人的腳下。相反地，**「請求」是清楚地提出彼此的需要，然後用清楚、積極、具體可行的方式，邀請對方一起來行動。**

第五節 蓋瑞巧門的五種愛之語

　　蓋瑞‧巧門博士出版了多本著作，其中最知名的增進人際關係理論，就是「**五種愛之語**」。我們可以找出個人偏好的「愛的語言」，達到更有效的「愛的表達」。

　　巧門博士在《男孩vs.女孩：五種愛之語》（*The Five Love Languages for Singles*）一書中指出，人最深層的情感需求就是「被愛的需求」，每個人的心中都有一個「愛箱」，希望箱子能被愛充滿。人需要被愛的感覺，當被愛的感覺被滿足了，會增進幸福感，也能發揮最大潛能。

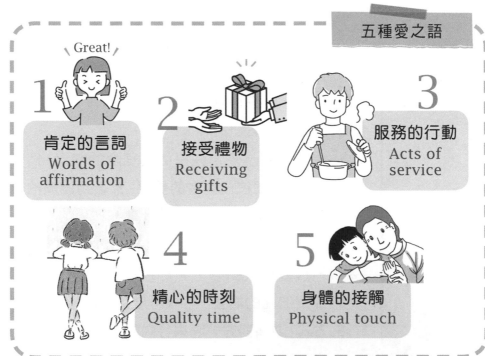

五種愛之語

Great!

1 肯定的言詞
Words of affirmation

2 接受禮物
Receiving gifts

3 服務的行動
Acts of service

4 精心的時刻
Quality time

5 身體的接觸
Physical touch

1
肯定的言詞
words of affirmation

肯定的言詞包括：

- ♥ 感謝的話
- ♥ 鼓勵的話
- ♥ 讚美的話
- ♥ 善意溫暖的話
- ♥ 認錯和原諒

我們在閱讀或是聽到肯定性的言語時，可以將它記錄下來，來增加我們的肯定性言語。

當我們在和人相處時，可以適當地將這些肯定的言語表達出來，或是給對方寫個肯定語言的小紙條，這些都可以幫助我們傳達溫暖的心意，增進我們的人際關係。

如果有人要參加一個重要的考試，我們可以給與鼓勵的話。如果有人完成了一件事情，我們可以針對他實際的表現，給予真誠的讚美。如果有人感到不安，我們可以給予一句溫暖的關懷，緩和他的焦慮。

如果我們發現自己說錯話，或是做出了讓人難受的事情，就要坦承過錯，跟對方道歉。這樣可以讓雙方再次搭起連結的橋樑，恢復情誼。

　　禮物是一個象徵，透過禮物可以傳達愛。不論你要送的是什麼禮物，是買的或是自己做的、價錢是高是低、東西是大是小，這都不是重點，重點是你所要傳達的情感。

　　不過，在送禮物之前，要對送禮物有一些基本的認知。首先，**要知道對方喜歡什麼**，這可以在平時的相處之中去發現。例如，對方如果喜歡吃巧克力，在對方生日時，就可以送巧克力蛋糕，對方一定會很高興。

　　其次，所送的禮物**要注意價格與含意**，否則會嚇到對方。如果對方只是一位普通的女性朋友，你卻送給她鑽戒，她一定不敢收，這就是不合宜的禮物。

　　還有，**送禮物的真正意義是「我在乎你」**，而不是賠罪，也不是補償。只要你是**發自內心的真誠**，收到禮物的人就能感受到你的心意。

3 服務的行動
acts of service

《聖經》中描述耶穌在受難前，和門徒共進晚餐時，親自為門徒們洗腳。在猶太人的文化裡，老師的角色非常崇高，所以當老師親自為門徒們洗腳時，門徒們都感到不敢當。

耶穌的這個舉動，開啟了現今全世界盛行的「服務與學習」的行動。所以，要成為人上人，就要**先學會放低自己，成為一個願意服務他人的人**。

服務的行動強調的是「**愛的精神**」，**在對方有困難時，發自內心地伸出援手**。但是，千萬要注意，服務的行動不是勉強、操控、利用他人，更不是對他人的情感勒索。

服務的行動所指的範圍非常廣泛，例如，擔任無國界醫生，去窮苦地區從事醫療服務，或是為生病的朋友買餐點、和同學一起負擔某個區域的清掃、幫忙做家事、幫阿公按摩肩背等等。只要是出於愛的心意，這些服務的行動就能使人感受到愛的氣息。

4

精心的時刻
quality time

　　精心的時刻是一種**親密的感覺**，巧門博士引用史懷哲醫生的話說：「置身擁擠的人群中，我們的心竟是無比孤寂。」在現代社會，人們忙忙碌碌，很容易忽略自己和他人的內心需求。

　　我們都渴望被愛，但現實生活無法滿足這份渴望，所以雖然身處擁擠的人群中，卻宛如身居無人島，難怪我們的心會生病。如果我們知道對方的愛之語是精心的時刻，那麼給予適切的回應，就會讓對方瞬間回暖。

　　精心時刻的陪伴因人而異，例如，在對方難過時，靜靜地陪在一旁或是散散步；或是陪老人家時，聽他說說話；或是陪自己的伴侶聽聽音樂，這些都可以是精心的時刻。

　　所以，細心地發現對方渴望的陪伴是什麼，或是可以請對方說出真正的渴望與需求，只要我們可以做到，我們就給予回應，這樣可以讓彼此都感受到愛的流動。

　　精心的時刻也**包含了精心的對話與活動**。在精心的對話中，可以採用薩提爾或盧森堡的溝通模式，**分享、聆聽彼此內在的經驗、觀念、感受、需求等**。

　　精心的活動可以是**雙方一起完成喜歡的事，或是陪對方參與某個活動**，這都將成為彼此美好的回憶。

5 身體的接觸
physical touch

嬰兒喜歡母親的懷抱與撫觸，透過撫觸，嬰兒可以感受到自己被愛、被照顧，也能產生安全感。以「身體的接觸」為愛之語的人，**「擁抱」可以滿足內心對愛的渴望**。例如，這樣的人在傷心的時候，如果能給予關懷的擁抱，他就能夠獲得安慰。

不過，**身體的接觸有一些要知道的規則：**

1 要注意**雙方對身體接觸的看法與感覺**，如果對方只接受握手的方式，就不適合去擁抱對方。

2 身體的接觸也需要注意**地點是否適宜**，以免引起對方的尷尬。例如，對方雖然喜歡身體的接觸，但是對方如果很內向害羞，這時候就要避免在公眾面前去擁抱對方。

3 我們也需要注意**身體接觸的方式**，例如擁抱、摸背、拍肩、牽手等，要用哪一種方式，要含蓄還是要直接，都要看對方接受的程度，否則很可能產生負面的結果。

我們要學習認識彼此主要的愛之語，也要瞭解對方所能接受的**方式**，巧門博士提醒我們，千萬不要將自己的愛之語強加於他人身上。例如，我的愛之語是「精心的時刻」，但我不能強迫別人都要滿足我的愛之語。

如果對方的愛之語是「服務的行動」，我可以去瞭解對方所需要的服務類型是什麼，然後用對方喜歡的方式去服務他，他就能感受到我對他的愛意。

巧門博士的五種愛之語，最主要的是要幫助我們**學會愛人與被愛**，透過這個方式，有助於在人與人之間建立愛之橋，滿足我們內心對愛的渴求。

那麼，要如何知道自己的愛之語呢？巧門博**設計了「找到自己的愛之語」的測驗**（見下頁），大家可以測驗看看。

小結

學習了本章所介紹的溝通模式和方法，人際互動就沒有問題了嗎？就能像童話故事裡的結尾一樣，王子與公主從此過著幸福快樂的生活了嗎？當然不可能如此簡單。

除了學習溝通方法，我們也要清楚地知道自己與他人的「人際界線」，才能進一步建立良好的關係。

下一章，我們將說明如何設定人與人之間的界線。

找到自己的愛之語

♥ 想著與自己親近的人，父母、夫妻、摯友、同學、男女朋友等等，然後回答以下30個問題。

♥ 只能單選，在右邊的方格中勾選你的答案，然後計算出方格後面ABCDE的分別數量，得數最多的就是你的愛之語。

---

1 我喜歡收到寫滿讚美與肯定的小紙條。 ☐ A

我喜歡被擁抱的感覺。 ☐ E

---

2 我喜歡和在我心目中佔有特殊地位的人獨處。 ☐ B

每當有人給我實際的幫助，我就會覺得他是愛我的。 ☐ D

---

3 我喜歡收到禮物。 ☐ C

我有空就喜歡去探訪朋友和所愛的人。 ☐ B

---

4 有人幫我做事，我就會覺得被愛。 ☐ D

有人碰觸我的身體，我就會覺得被愛。 ☐ E

---

5 當我所愛、所景仰的人攬著我的肩膀，我就會有被愛的感覺。 ☐ E

當我所愛、所景仰的人送我禮物，我就會有被愛的感覺。 ☐ C

---

6 我喜歡和朋友或所愛的人到處走走。 ☐ B

我喜歡和在我心目中有特殊地位的人擊掌或手牽手。 ☐ E

---

7 愛的具體象徵(禮物)，對我來說很重要。 ☐ C

受到別人的肯定，能讓我有被愛的感覺。 ☐ A

---

8 我喜歡和我所喜歡的人促膝長談。 ☐ E

我喜歡聽到別人說我很漂亮、很迷人。 ☐ A

---

9 我喜歡和好友及所愛的人在一起。 ☐ B

我喜歡收到朋友或所愛的人所送的禮物。 ☐ C

接下頁 ➡️|

10 我喜歡聽到別人說一些接納我的話。　　　　　　　　□ A
　　如果有人幫我的忙，我會知道他是愛我的。　　　　□ D

11 我喜歡和朋友或所愛的人，一起做同一件事。　　　□ B
　　我喜歡聽到別人對我說友善的話。　　　　　　　　□ A

12 別人的行為表現要比他的言語更能感動我。　　　　□ D
　　被擁抱會讓我覺得和對方很親近，也會覺得自己很重要。　□ E

13 我珍惜別人的讚美，盡量避免受到批評。　　　　　□ A
　　送我許多小禮物，要比送我一份大禮更能感動我。　□ C

14 當我和別人聊天或一起做事時，我會覺得和他很親近。　□ B
　　朋友或所愛的人若常和我有身體的接觸，我會覺得和他很親近。　□ E

15 我喜歡聽到別人稱讚我的成就。　　　　　　　　　□ A
　　當別人勉強自己為我做一件事，我會覺得他很愛我。　□ D

16 我喜歡朋友或所愛的人走過身邊時，故意用身體碰碰我的感覺。　□ E
　　我喜歡別人聽我說話，而且興味十足的樣子。　　　□ B

17 當朋友或所愛的人幫助我完成工作，我會覺得被愛。　□ D
　　我很喜歡收到朋友或所愛的人所送的禮物。　　　　□ C

18 我喜歡聽到別人稱讚我的外表。　　　　　　　　　□ A
　　別人願意體諒我的感受時，我會有被愛的感覺。　　□ B

19 在我心目中有特殊地位的人碰到我的身體時，我會很有安全感。　□ E
　　服務的行動會讓我覺得被愛。　　　　　　　　　　□ D

20 我很感激在我心目中有特殊地位的人為我付出那麼多。　□ D
　　我喜歡收到在我心目中有特殊地位的人送我禮物。　□ C

21 我很喜歡被人呵護備至的感覺。　　　　　　　　　□ B
　　我很喜歡被人服務的感覺。　　　　　　　　　　　□ D

22 有人送我生日禮物時，我會覺得被愛。 ☐ C
　　有人在我生日那天對我說出特別的話，我會覺得被愛。 ☐ A

23 有人送我禮物，我就知道他有想到我。 ☐ C
　　有人幫我做家事，我會覺得被愛。 ☐ D

24 我很感激有人耐心聽我說話而且不插嘴。 ☐ B
　　我很感激有人記得某個特別的日子並且送我禮物。 ☐ C

25 我喜歡知道我所愛的人因為關心我，所以幫我做家事。 ☐ D
　　我喜歡和在我心目中有特殊地位的人一起去旅行。 ☐ B

26 我喜歡和最親近的人親吻。 ☐ E
　　有人不為了特別理由而送我禮物，我會覺得很開心。 ☐ C

27 我喜歡聽到有人向我表示感謝。 ☐ A
　　與人交談時，我喜歡對方注視我的眼睛。 ☐ B

28 朋友或所愛的人所送的禮物，我會特別珍惜。 ☐ C
　　朋友或所愛的人觸碰我的身體時，那種感覺很好。 ☐ E

29 有人熱心做我所要求的事，我會覺得被愛。 ☐ D
　　聽到別人對我表示感激，我會覺得被愛。 ☐ A

30 我每天都需要身體的接觸。 ☐ E
　　我每天都需要肯定的言語。 ☐ A

總計 A＿＿＿ B＿＿＿ C＿＿＿ D＿＿＿ E＿＿＿

　　　　　得數最多的是 ＿＿＿＿ 次多的是 ＿＿＿＿

→ 出自《男孩 vs. 女孩：五種愛之語》

第三章

人際關係與設定界線

第一節 人際界線

美國人際專家內達拉・塔瓦布（Nedra Glover Tawwab），她在《設限，才有好關係》（*Set Boundaries, Find Peace*）一書中表示：

人際界限是一種期望和需求，能夠幫助你在關係中感到安全舒適。

在前兩章，我們談到了人際溝通的困境和影響，也學習了多位人際溝通大師所提供的模式與方法，但是，這樣就能夠達到我們所預期的溝通效果嗎？

學會人際溝通的方法，可以幫助我們認識自己與他人，讓我們更能掌握自己，培養更好的能力來面對外在的狀況，包括衝擊與挫折等。

但是，面對複雜的內在世界和外在處境，我們還需要進一步**認識人與人之間該有的關係分際，才能讓人際溝通達到最佳的效果。**

接下來，本章將談論到：

- ♥ 人際剝削
- ♥ 人際界線的設定
- ♥ 霸凌問題
- ♥ 內在界限的設定

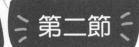

第二節　人際剝削

　　我們在待人處事上，人際溝通常常是最大的關卡。我們每個人都帶著自己獨有的經驗，所以在與人溝通時，**我們會憑藉著自己的經驗，直接回應他人**，結果就可能扭曲彼此的訊息，這是我們首先要察覺的溝通問題。

　　有些人待在自己的舒適圈裡，不願意改變自己的溝通方式，難以突破既定的人際相處模式。有些人即使學習過人際溝通的理論，也會因為帶著挫折或傷害經驗，而無法跳脫溝通的困境。

　　本章將進一步說明如何處理上述的情況。近些年，出現了很多**與內在和人際關係有關的語彙**，例如：

- ✠ 與內在小孩對話（speak to your inner child）
- ✠ 情緒勒索（emotional blackmail, FOG）
- ✠ 社交恐懼（social anxiety disorder）
- ✠ 情緒耗竭（emotional exhaustion）
- ✠ 精神虐待／隱性虐待（psychological abuse）
- ✠ 人際剝削（interpersonal exploitation）

　　這些名詞都是在表達人與人之間的負面狀態，不論是在家庭、學校、職場，只要是有人的地方，就可能發生這些現象。

　　接下來，我們將舉一些例子來幫助認識這些情況。

Ⓐ 有一種人特別忙碌，因為他的家人朋友遇到事情時，第一個想找的人就是他。他一會兒要陪家人去醫院看病，一會兒要幫朋友處理事情。他每天早出晚歸，忙到無法好好吃一頓飯，臉上都失去笑容了。你問他為什麼這麼忙，他會無奈地回答：「沒辦法啊，他們需要我幫忙，我也不好拒絕。」

Ⓑ 另外還有一種人，他們一副「生人勿近」的模樣，總是一張冷漠的臉，常常雙手環胸，讓人難以靠近。他在生活中，沒有熱衷的事情，問他為什麼什麼事都沒興趣，他會說「麻煩」。如果請他協助一些事情，他的回答多半是「沒空」。他不願意親近別人，別人在他身上感受不到溫情。

Ⓒ 還有一些人總是被負面對待，譬如，在親子關係中，父母對他講話時，充滿嘲諷和貶抑。在朋友圈中，他被別人呼來喝去的指使，或是別人給他取難聽的綽號，以此為樂。在職場中，他莫名奇妙地成為大家的小弟小妹，別人把工作丟給他，讓他不得不加班，每天都疲憊不堪。

人際剝削的原因

《人際剝削》一書中指出，當人無法處理自己內在的負向問題時，就會在人際關係中呈現出「人際剝削」的狀態，這是什麼意思呢？

當人在生命過程中有過受傷的經驗，**這些負面經驗沒有得到妥當的治癒或疏通，甚至被忽略與壓抑，就會烙印在心裡，變成「內在的地雷」**，只要一不小心碰觸到，就可能被引爆而炸傷周遭的人，包括自己。

人的內心要是受傷了，容易讓人處在黑暗的心靈世界，自己的言行舉止，也可能在無意識中成為了隱性的利刃，朝著身邊的人隨意揮動，造成另一個傷害，循環不已。

譬如，有時我們會聽到酸言酸語，會看到不屑的眼神，會遇到別人耍小心機，更嚴重的就會變成霸凌。

這些傷害性的言行背後，通常**有著令人辛酸的受傷經驗。這些傷害沒有被治癒，轉而成為傷人的利器**，「人際剝削」多半是這樣產生的。

我們如果長時間處在人際剝削的處境中，很容易產生身心症狀，像是憂鬱或焦慮等，進而傷害自己或攻擊別人。

認識你自己

也因此，在人際關係的互動中，首先要回到自己的內在。人際專家塔瓦布表示，**我們應該要徹底認識以下三點：**

✝ 自己想要什麼

✝ 自己需要什麼

✝ 自己期待什麼

我們要**學習認識自己，與自己的內在連結，並修補過去因負面事件所造成的內在傷害**。當內在傷口痊癒了，我們才能夠以健康的狀態，重新來看待自己，進而學習如何和他人溝通與相處。之後，即使面對他人的「人際剝削」，我們也有能力妥當地化解。

第三節 人際界線的設定

什麼是人際界限呢？〈設限是需要練習的〉一文中提到，人際界限就是：

在我們內心設定「我們與他人之間的距離」。

設定距離並不是讓自己成為生命的孤島，也不是讓自己生活在世界之外。**設定距離只是為了讓我們與他人之間，擁有更健康的關係。**

範例 3-2

Ⓐ 同學每一節下課都會找我去福利社、上廁所、打線上遊戲，我想跟他做朋友，但是我也想保有自己的空間，我還有其他的事想做，譬如我昨晚沒睡好，想小憩一下，或是我有問題想去請教老師，或是我想找另一位同學講社團的事情，諸如此類的。

B 昨晚表姊來電話說，她又要搬家了。她只要搬家，就一定會想到我。她在電話中說，「明天上午十點來幫我搬家」，但是我已經和朋友約好明天上午去看電影了。

C 同事很喜歡說八卦，導致快下班了，工作還沒做完，然後他就會抓著我幫忙處理。我不想聽那些八卦，那很容易惹是非，而且工作了一整天，我已經很累了，我很想趕快回家休息。

上述的情況，如果換作是你，你會如何面對與處理呢？很多時候，我們都會隱忍下來，勉強自己去做自己不想做的事。

A 怕同學生氣，所以不敢說自己有事。
B 怕表姊發飆，所以不敢拒絕。
C 怕同事在背後說我的壞話，所以勉強陪她加班。

如此日復一日，我們內心就會累積負面情緒，處在壓抑的狀態中。面對上述的這些情況，我們可以透過適當的表達來化解困境，這當中就有「人際界線」的設定，可以幫助我們釐清事情，做出適當的選擇。

以下我們將就上述三個案例，逐一說明如何設定人際界線。

状況 **A**

你的回答

同學每節課都來找自己，你可以說：「我想要去問老師問題，你可以先陪我去問問題，我再陪你去福利社，這樣可以嗎？」

可能的結果

❶ 如果同學以前以為你是一個沒有什麼想法的人，現在當你表達了自己的想法，他如果當你是好朋友，他就會表達同意，陪你去找老師問問題，然後再一起去福利社。

❷ 如果他把你當成好朋友，但是現在肚子很餓，那他會尊重你的需求，他可以自己去福利社，或是找其他同學陪他去。

❸ 如果同學很依賴你，但是又很自我，他一定要你先陪他去福利社，你要找老師問問題是你自己的事，要你自己再找時間去問。

➜ 這種時候，你就需要做出選擇：

☐ 順遂他的心意，但是你將很難擺脫你的負面感受，甚至會長時期處在不自由的狀態中。

☐ 將他放生，當普通的朋友就好了。

當然，還有其他的可能性，需要你去發現你自己內在的真實需求，並給予回應。

狀況 B

你的回答 面對表姊搬家的電話，你可以說：「表姊，不好意思，我已經和別人有約了。如果你可以延到下個星期，我可以安排時間幫你搬家。」

可能的結果 ❶ 表姊只是習慣了過去的模式，認為你可以隨叫隨到。現在你開始表達自己了，表姊如果尊重你，又很需要你的幫忙，她會同意你的建議，延後搬家。

❷ 表姊瞭解你的意思，但是她已經約好搬家公司，無法更改日期。她尊重你，可以找別人幫忙。

❸ 表姊可能會抓狂，要你一定要去幫她搬家，和朋友的約會可以延期。

➜ 這種時候，你就需要做出選擇：

☐ 妥協，然後委屈地向朋友抱怨表姊的跋扈不講理。你和表姊這種不對等的關係，也會一直繼續下去。

☐ 不妥協，並且再次堅定地告訴表姊你的想法，她如果再強勢要求，你可以跟她說抱歉，掛掉電話。但是這樣可能會和表姊或其他親戚產生不和睦的情況，不過表姊以後就會考慮清楚才找你。

狀況 C

你的回答　面對同事要求陪他加班，你可以說：「晚上我家裡有事，我要回家，所以無法陪你加班了。」

可能的結果

❶ 同事會體諒你，讓你回家，自己趕快接著去忙。之後，他應該會意識到你並不是他的助手，他不能如此地役使你。

❷ 同事會抱怨你，認為你太不講義氣，甚至會責怪你為什麼不早一點告訴他，隔天他會跟其他同事八卦你。

❸ 同事會哀求你，讓你可憐他，要你勉為其難地留下來幫他。

→ 這種時候，你就需要做出選擇：
　　☐ 留下幫忙。你們仍能維持面上的友誼，但這種情況不會改善。
　　☐ 立場堅定地離開。你可能會被他抱怨甚至八卦，甚至不再是朋友。

在設定人際界線時，我們首先要省思的是：

我們是否表達過自己內心真正的想法呢？

如果我們都不表達，他人也無法瞭解我們。同學可能認為你就是一個隨時都會說「好」的同學，表姊可能認為你就是一個可以隨叫隨到的表弟，同事可能認為你就是一個老好人，這些都是我們給他人造成的錯覺。

我們和別人的關係，**在一開始就沒有設定好界限，導致別人侵入了自己的界限**。之所以會造成這樣的結果，其實是我們自己的問題。

我們應該開始學習如何設定妥當的人際界限，什麼時候要說「不」、什麼時候要說「是」，這才能和他人建立舒適的人際關係。

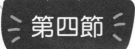
第四節 人際界限的健康度

　　塔瓦布指出，健康的人際界限可以讓我們感到「安全、被愛、平靜、被尊重」。她區分**人際界限的三種狀態**：鬆散的界限、僵硬的界限、健康的界限。

❶ 鬆散的界限
Porous boundaries

状態 沒有清楚傳達的界限。

結果 過度分享，討好，無法拒絕或害怕被拒絕，接受不合理對待。

❷ 僵硬的界限
Rigid boundaries

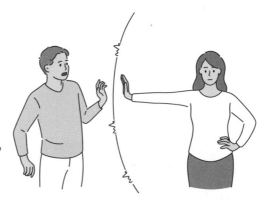

状態 在與他人之間築起圍牆，以保護自己的安全。

結果 不願分享，與人保持距離，嚴守規則，表現剛強，對他人有高度期待。

③ 健康的界限
Healthy boundaries

狀態 認識自己的情感，知道自己身心的能力，不受過去負面經驗的影響，能清楚地溝通。

結果 瞭解自己的價值觀，能適度分享，能自在地說「不」，也接受他人說「不」，能聆聽自己內在的聲音。

　　我們可以藉由上述三種層次的界限說明，來檢視自己與他人的界限狀態。

　　設定人際之間的界限，是為了擁有更健康的人際關係。界限是一個原則，而不是針對個人，**界限可以讓自己與他人的關係，變得更喜樂、安全，讓彼此的關係有一個基本的保障。**

　　透過客氣但堅定的語句，向他人表達自己的界限，並讓彼此都能遵守界限。如果對方不願意遵守你的界限，甚至惡意違反，這時你可以思考一個問題：你還要和對方維持關係嗎？

　　在下一章節，我們將舉列來看如何建立人際界限，並探討超越界線的霸凌問題。

第五節 人際界限與霸凌問題

　　建立界限是彼此的權利，當他人向你表達界限時，你也應該尊重，這樣你們才能更自在、舒適的交往。可能有人會問：「建立界限」讓人感覺很嚴肅，有需要這樣過日子嗎？這個問題並不正確，因為我們正是想要和他人有良好的連結，所以才需要建立界限。

　　此外，建立界限也不是嚴肅僵硬的事，**以下舉例說明如何建議適當的人際界線。**

範例 3-3

Ⓐ 你要進我的房間之前，我希望你能先敲門，等我說「請進」了，再開門進來。

Ⓑ 我要早一點休息，所以除非有什麼重要的事，希望你晚上九點半以後不要打電話來。

Ⓒ 晚餐時間，我們可以互相分享這一天的生活，所以我希望吃晚餐的時候，我們都將手機收起來。

校園霸凌

　　我們適切地表達自己，彼此相互尊重，才能建立更好、更親密的關係。那麼，如果遇到霸凌，已經遠遠超出界限的問題了，這時候該如何面對、處理呢？

　　什麼是霸凌呢？〈校園霸凌防制準則〉第三條指出：

霸凌，是指個人或集體持續以言語、文字、圖畫、符號、肢體動作、電子通訊、網際網路等方式，直接或間接對他人故意貶抑、排擠、欺負、騷擾或戲弄等，使他人處於具不友善的環境，造成精神上、生理上或財產上的損害，或是影響正常學習活動的進行。

　　這個定義是基於校園關係，但也適用於職場。霸凌是對人際關係的嚴重破壞，會對被霸凌者造成嚴重的身心傷害。

　　霸凌者本身的行為，基本上已經違反了人際關係的各種原則，甚至是界限範圍。霸凌者以自我為中心，不尊重他人或他人的身體，以傷害他人為樂。

事實上，**很多霸凌者自己也曾經是被霸凌的人，是愛的欠缺者、心靈的受傷者**。他們帶著內心的傷痕，以洩憤的方式，尋求方法來撫平自己的傷痛，造成惡性循環。所以說**霸凌者本身也同時是受害者，需要治癒內心的傷痛，這樣才能終止霸凌的行為**。

但是，當我們遇到霸凌時，不能因為霸凌者也是受傷者，需要被治療，我們就應該要忍耐。如果是在學校，當然要尋求管道協助，並且求助專業人士，解決自己被霸凌的負面心理狀態。

遭受霸凌後，我們內心會有傷心難過、害怕生氣等各種情緒，這些情緒都需要被一一處理，我們可以求助心理諮詢，不要留下傷痕。我們要清楚地認識到，這是霸凌者的生命狀態有所偏差，而不是自己有問題。

職場霸凌

相對於校園霸凌，職場霸凌更複雜。「法律百科」平台指出，職場霸凌是指：

發生在工作場所中，藉由權力濫用與不公平的處罰，造成持續性的冒犯、威脅、冷落、孤立或侮辱行為，使被霸凌者感到受挫、被威脅、羞辱、被孤立及受傷，進而損害被霸凌者的自信，帶來沉重的身心壓力。

不管校園霸凌或是職場霸凌，都會對人的身心造成傷害。

「法律百科」平台在〈遇到職場霸凌，除了訴訟，還可以怎麼作？〉一文中建議，如果霸凌是發生在單位內，可以有三種處理方法：

1 尋求協助，理性溝通。
2 盡可能蒐集證據。
3 向專責單位提出申訴。

如果以上這些方法都沒有效果，最後可以走訴訟的途徑。

除了處理霸凌的外在問題，我們也要回到內心，處理好自己內在負面的情緒，這樣才能站穩腳步，建立健康的人生。

第六節　設定內在界限

我們除了和別人之間需要設定人際界限，我們也需要對自己設定內在界限。所謂的「**內在界限**」，是要幫助自己**不要陷入惡性循環的自我圖像之中**，落入自我貶抑甚至自我唾棄的困局裡。以下我們舉幾個例子來說明。

範例 3-4

Ⓐ 我們有時會突然想起自己久遠前的一次失誤，例如在演講比賽中忘詞，狼狽地下了台。這個場景黏著在自己的腦海中，會不時跳出來，揮之不去。

Ⓑ 我們會夢到或突然回想以前遭遇過的車禍，當時車子衝向自己的畫面，總是讓自己驚醒，或是嚇出一身冷汗。

Ⓒ 我們也會突然想起以前被霸凌的情景，那些霸凌者彷彿又出現在眼前，對自己酸言惡語，這些回憶會讓自己心跳加速，甚至全身發抖。

我們不斷重溫這些惡夢，自己受傷的身心好像永遠無法痊癒，無法擺脫這些突如其來的記憶漩渦。這些傷害和陰影潛伏在自己的內心深處，會不定時地冒出來干擾自己。

面對這樣的情況，我們要如何處理呢？

1 尋求協助者

你可以尋求心理諮商，幫助撫平這些負面經驗所帶來的傷害。我們內心的傷害需要被治療，這樣我們才能擁有健康的身心，在人生的道路上繼續往前走。

2 自我練習

你可以在自己的內在設下一個「開關」，或是建立一個「刪除鍵」，當這些負面情緒或負面經驗出現時，要提醒自己關掉開關，或是一次次地刪除這些負面經驗與情緒，把自己從中隔離開來，跳脫內心的這種自我束縛。

我們一方面有專業的幫助，一方面透過自己的練習，可以慢慢去除晦暗的黑網，自己內在的力量也會逐漸加強。直到有一天，我們會發現這些傷害只是記憶而已，不會再二度、三度、無止息地傷害自己。

小結

　　「設定界限」可以幫助我們在人際關係中，保持對彼此的關愛與尊重。我們可以在家人、朋友、同事等人群中設定界限，但前提是我們的出發點是彼此的愛，以及對自我的真正認識。對自我的認識愈多，我們所設定的界限，愈能使別人感覺舒適、自在和溫暖，我們也就能夠擁有更穩定的人際關係。

第四章

家庭互動對人際關係的影響

第一節 家庭的影響

　　我們看到有些人的人際關係很好，和別人相處起來如魚得水。相反地，有些人雖然身處人群之中，卻是滿臉孤寂，一身的落寞，所謂冷漠是盔甲，無言是利劍，茫茫人海中無處是歸家。我們每個人的人際方式和能力，為什麼有這麼大的差異呢？

　　家庭是我們進入這個社會和世界的第一個團體，嬰兒呱呱墜地後，就和照顧者建立起緊密的關係，也從和照顧者的互動中，學習了溝通的方式。我們每個人的人際方式，就是這樣學習而來，我們的人際方式取決於我們的成長經驗。

　　家庭對我們的影響，不一定是因為發生什麼大事情，往往一個小小的事情，就能深刻地影響著我們。

範例 4-1

　　我是家中最小的孩子，家人都很疼愛我，我在學校的課業也還可以，人緣也不差，但我總有一種自卑感，感覺自己不被別人接納或喜愛，這種情況很困擾我。

　　為什麼會這樣呢？我小時候常聽父親說起我出生時的驚險情況，母親甚至差點保不住性命，讓我因此對母親懷有愧疚感。

當時的情況是這樣的，母親孕育我的後期，罹患了妊娠毒血症，全身腫脹。早年醫療不發達，也沒有健保。母親到醫院待產，醫師催產多次，我都不肯出來。醫生說，胎兒還算健康，但是母親可能有危險。

　　聽到醫生這樣說，母親心想，要死也要死在家裡。於是她趁護理人員忙碌時，偷跑回家。很難想像全身腫脹的母親，是如何回到家的。

　　結果當天晚上，我就出生了，但是母親卻大失血，陷入昏迷。助產士趕緊先幫母親止血，然後用力掐母親的人中、腋窩、鼠蹊等部位的筋絡。這樣掐了一圈，母親都沒有醒過來。助產士再更用力掐了一遍，母親才痛得醒過來。隔天，母親的人中、腋窩和鼠蹊部，都嚴重瘀青，可見助產士用了多大的力氣。

　　等母親甦醒過來了，大家才發現我這個剛出生的小嬰兒，全身髒兮兮地被放在旁邊的櫃子上，哇哇地大哭著。滿頭大汗的助產士這才抱我去清洗，餵我喝水。

　　我每年的生日都會聽到這個故事，聽多了也沒有什麼感覺。直到我為了參加一個為期三年的培育人員課程，需要先接受一年的輔導，這才想起這個我當時並無印象的事件，也才發現這個事件對我的影響是這麼大。

　　試想，一個胎兒剛出生，就被放到一邊，全身濕漉漉的，沒有人理會，像是多餘的東西一樣。這個我並沒有記憶的事件，其中也沒有對錯、沒有故意的行為，卻在我的心靈深處烙上了負面的印記，使我有一種莫名的負面自我感。

在輔導的過程中，我開始重塑自我，感謝助產士救了母親的性命，感謝母親在危難中給了我健康的生命，感謝父母家人在我小時候對我的疼愛關懷。經過這個重塑的過程，我好像重生般地有了新的生命。

這樣一個單純的事件，也對我的人際關係帶來了深遠的影響。家庭成員之間的互動，不也是如此嗎？一個不經意的單一負面關係，就可能影響到整個人際關係網，讓人際關係網中的人，都陷入泥淖中。

我們能**盡早學習如何互動溝通，就能減少不必要的負面影響**。良好的家庭關係是很重要的，這能幫助我們擁有相對良好的人際關係，而這也是美好人生的基礎。

我們要學習人際關係，就需要先**探討自己與家庭成員的關係，省思自己的成長歷程，更深刻地認識自己**，才能知道如何調整自己的人際方式。我們也可以透過瞭解家庭關係的互動模式，發現這對家庭成員造成了什麼樣影響，從而找到改變的方法。

當然，**所謂改變，主要是指自己的改變**。我們無法要求別人改變，尤其別人可能沒有改變的意願。不過，只要你自己有改變的渴望，你就有機會翻轉自己的人生。

說到**家庭的互動關係**，最主要包括：

- ❤ 親子之間的互動模式
- ❤ 夫妻之間的互動模式

以下我們將分篇說明。

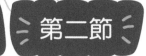

第二節　增進親子之間的互動

親子之間的互動模式

　　父母對子女的教養態度，會決定性地影響子女。每個家庭的親子互動都不一樣，父母教養子女的方式有很大的區別，例如：

- ✠ 開放式或封閉式
- ✠ 放任式或管教式
- ✠ 民主式或權威式
- ✠ 溫暖型或冷淡型
- ✠ 親密式或冷漠式

　　這些不同的類型，不能絕對說哪個比較好、哪個比較不好，**重點在於是否充滿愛與關懷的互動**。

　　我從小在愛的氣息中長大，但父母並沒有溺愛我。父親很疼愛我，他平時話不多，但是當我做對事情時，他從不吝於誇讚我。母親對我的教導比較嚴厲，她會要求我要怎麼做事情、要怎麼和別人說話，但是她又會要求我不可因循舊習，要我多用心，要能夠舉一反三，想出更好的方法來處理事情。這也養成我遇到事情時會多元性地設想，盡量不被過去的經驗框架住。

父母不論是用什麼方法來帶領小孩，「愛」是基點，加上適性的互動，親子關係就能夠緊密而溫暖。但要注意的是，**不可以「以愛為名」，把愛當作一種手段，變成「愛的勒索」或「愛的牢籠」**，這樣的關係會令人窒息，毀壞家庭關係。

在《婚姻與家庭》一書中，對**建立良好的親子關係**提出了三個建議：

1 掌握親子之間的生理、心理和社會的密切關係。
2 珍惜和善用親子之間相處的時機。
3 親子的互動應具創造力和幽默感。

以下我們將逐一說明。

如何建立良好的親子關係

1 掌握親子之間的生理、心理和社會的密切關係

親子關係是否良好，需要多方的努力才有可能達成，血緣關係並不是家庭互動的絕對關係，還需要妥適的心理與社會層面的連結，才能建立良好的家庭互動關係。

父母如何在心理與社會層面，跟子女建立更深的連結呢？基礎都是來自於「愛」，家庭成員之間需要互相表達情感和關懷，包括父母和親子之間，父母如何對待子女，子女又如何回應父母，這是環環相扣的連結，缺一不可。這樣的連結與互動，可以

互相表達並感受彼此的關懷與付出、接納與信任、尊重與分享。

　　很多父母會感嘆無法和孩子溝通，現在有很多教導親子溝通的課程與資源，父母可以透過學習，去瞭解孩子的內在需求，增進親子關係。做孩子的也可以運用一些方法，讓父母瞭解建立親子關係的益處。這裡舉一個真實的例子來做參考。

範例 4-2

　　有一個高二的女學生，學習到了五種愛之語，她想運用到她和父親的關係上。

　　女孩住宿，週末才會回家，她和母親無話不說，但是父親因為工作的關係，比較少在家，即使在家也是和孩子的作息顛倒，加上父親個性比較沉悶，父女之間很少對話。女孩想要改變這種關係。

　　這個星期天下午，女孩要從家中返校時，父親剛好在家裡休息。女孩鼓起勇氣去敲父親的門，敲了一會兒，父親睡眼惺忪地打開門，女孩笑笑地對父親說：「爸，我要去學校了，跟你說再見一下喔。」

　　父親一臉茫然地說：「喔！」

　　女孩開心地出門。到了學校宿舍之後，女孩打電話跟父親說，自己平安抵達學校了。

　　父親回答：「喔，你到了。」然後就沒有話了。

　　星期三下午空堂時，女孩又打電話給父親。

　　父親問：「有什麼事嗎？」

女孩回答：「沒事，只是想和你聊一下。」

結果父親很快就掛了電話。

女孩週末回家時，父親不在。星期天下午，父親才回到家，然後拖著疲憊的身體去睡覺。

女孩要出門之前，又去敲了父親的門，這次父親比較快開了門，父女的對話如昔。

週三下午，女孩又給父親打電話，父親還是沒講什麼話，但女孩並沒有因此而感到灰心。

這種情況延續了幾個星期。這一天，女兒要返校時，才剛走到父親的門口，還沒等敲門，父親就開了門，主動說道：「你要返校了，要注意安全喔！」

接著這個星期三下午，女孩的電話剛撥通，父親就接了電話，然後問她說：「你沒有課喔，還有零用錢嗎？有需要什麼的話，跟爸爸講，週末去買給你。」

這個週末，父親星期六就回家了，而且不是一回家就去睡覺，而是坐在客廳陪女兒聊天。

女孩就這樣用了一些的時間，和父親建立起新的親子關係。現在，他們父女的關係已經好到母親都會吃醋了。

這個例子很長，但是方法很簡單、很溫馨。因為女兒學習到了建立關係的方法，她很用心且主動的運用在自己的家庭裡，改變了過去一成不變的僵硬關係。她以實際的行動做到了。看了這例子，你是否也想效法呢？

② 珍惜和善用親子之間相處的時機

　　現在大都是雙薪家庭，工作繁忙，有了小孩之後，父母往往更是忙得不可開交。也因此，不論是在時間上還是心力上，親子之間的互動，難免受到很大的影響。

　　這時候我們就要**珍惜和善用親子之間相處的時機**，首先，我們要讓家庭的每一個成員都來共同分擔家事，這樣一方面可以減少負擔，也可以教導孩子共同承擔家務的精神與態度，並訓練孩子如何處理家務，培養孩子的責任感與行動力。

　　此外，父母也可以藉著早晚接送小孩的機會，和孩子談心，瞭解孩子的學校生活，傾聽孩子的感受和情緒，讓孩子感覺到父母的關心與在乎。要注意的是，父母不要隨意教訓孩子，或是動不動就要給孩子意見，**孩子需要的是傾聽和理解，這樣孩子就會願意向父母敞開自己的內心。**

範例 4-3

　　在我小時候，每天晚上九點左右，就讀高中的二哥，就會搬張小椅子，坐在母親的前面，講著自己的生活大小事，母親一邊織著毛衣，一邊專心地聆聽著。一直等到二哥說完了，母親會稍微回應幾句。

　　等到二哥上了大學，就換成三哥坐在母親的跟前說話。再三年之後，終於輪到我了，我真正體會到母親是如何專心地聽我說話，她不會打斷我說話，除非是她沒聽清楚，才會簡短地詢問我。

等我都說完了，母親會針對我說的內容，簡單地回應我。她會誇讚我，也會提醒我一些事情，但她從不會藉機教訓我。晚上和母親三十分鐘的親密相處，在我心裡是很珍貴的時光。

這些兒時的經驗永遠留在我的記憶中，我珍惜不已。等我長大了，我還是會和母親分享生活中的點點滴滴，親子之間的關係沒有障礙。

❸ 親子的互動應具創造力與幽默感

開放與彈性，是激發創造力與幽默感的基礎。父母如果能以開放的態度來培養小孩，孩子的視野會開闊。

小孩常會問「為什麼」，如果父母能夠耐心地回應，並引導孩子去尋找答案，當孩子找到答案了，也給予積極的回饋，這樣會讓孩子建立學習的樂趣。

孩子聽完童話故事，父母可以鼓勵孩子用自己的話，再把故事講一遍，並發揮自己的想像，說出不同的故事，這樣可以讓孩子在天馬行空的腦海中，創造無限的可能性，開發自己的創意。

有些人天生具有幽默感，但是大多數人的幽默感需要透過學習。坊間也有許多培養幽默感的書籍，父母可以帶著孩子一起閱讀，一方面相互學習幽默感，另一方面也可以增進親子之間的親密度。

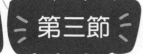

第三節　夫妻的互相模式

《婚姻與家庭》一書中，提出夫妻相處的溝通要點：

1 以愛和關懷為基礎。
2 互相學習，澄清誤會。
3 學會當彼此的好聽眾。
4 相互回饋，彼此互惠。

1 以愛和關懷為基礎

　　我們在第二章介紹了許多溝通模式和方法，這有助於夫妻之間的關係與溝通，對婚姻生活和家庭生活都有莫大的益處。

　　婚姻的根源是愛的關係，每一對夫婦在建立婚姻之初，都渴望擁有幸福與美滿，這是一個最好的基礎。在這份相愛與渴望的基礎上，如果能夠**學習良好的溝通技巧**，對於夫妻的情感會有很大的加分作用，也有助於經營婚姻生活。

2 互相學習，澄清誤會

在第一章，我們透過薩提爾的冰山理論，探討了人際溝通蘊含的內在訊息，說話者和受話者有各自的生命歷程，會從原生家庭中習得溝通方式和風格。也因為有這種個體的差異，所以**夫妻雙方需要互相瞭解，出現問題時要溝通、澄清。**

如果能在婚前就花時間來瞭解彼此的溝通習慣與作風，這樣不但能增進對彼此的認識，也能夠避免無法溝通的狀況。

小時候唱閩南語童謠《天黑黑》，其中有一段歌詞是：

阿公仔欲煮鹹，阿嬤欲煮淡，
倆個相扑來弄破鼎，
咿呀嘿嘟隆咚叱咚嗆，哇哈哈！

在現實的婚姻生活中，真的會有很多「弄破鼎」的情況。如果在婚姻之初，夫妻能夠坦誠溝通生活中「鹹與淡」的差異，自然就能夠減少「弄破鼎」的情形了。

3 學會當彼此的好聽眾

溝通，其實是身心靈整體的連結。人在，心就在，可以接收對方的話語和心意。但是，如果一方想表達，另一方卻是想著如何反擊，或是停留在自己想要回應的點，這樣的溝通就會失敗。

範例 4-4

　　我有一個溝通的經驗：我和一位年長的女性朋友相處許久，每次當我說到我身體哪裡不舒服了，譬如我說「我頭痛」，她沒有等我說完，就會立刻回應說：「對呀，我昨天頭也疼啊！」

　　然後就劈哩啪啦地說她自己的頭痛。這時候，我會覺得我沒有被同理，她只顧說自己的，沒有關心和回應我的問題。

　　這讓我覺得不開心，所以我當下的反應就是不回應她，好像這樣就平衡了。事後我反省，我們兩個人是在各說各話，所以結果當然不理想，我們雙方都是「人在，心不在」。

　　我想改變這種互動的情況。當我們再碰面時，我因為前一晚沒有睡好，頭昏腦脹的，我無意間就說：「我頭昏沉沉的。」

　　結果對方馬上開口說：「對呀！我今天早上也覺得頭悶悶的。」

　　這次，我改變了回應的方式，我問她：「怎麼啦？為什麼頭悶悶的？是感冒了嗎？」

　　她回答說：「沒有感冒，我這是老毛病了。」

　　在她說話時，我雙眼看著她，溫和地回應著。我原本是想，耐心當完好聽眾之後，就要找個藉口離開現場。

沒想到，她說了兩句話之後，回問我說：「你怎麼會昏沉沉的呢？我看你的臉色不太好，要不要我陪你去看醫生呀？」

當我完全接收對方老毛病的訊息，並且加以回饋，表現出我的關懷之後，結果獲得了對方更多的關懷。這是「當個好聽眾」的小例子。在婚姻生活中，夫妻雙方在相互溝通時，如果能夠**先清空自己的內心，用更大的空間去容納對方**，就能讓彼此都擁有被關愛的美好感受，產生幸福感。

別忘了，在五種愛之語中，每個人的「愛箱」如果都能被愛充滿，就能轉而對別人付出豐沛的愛了。

4 相互回饋，彼此互惠

在當個好聽眾時，如果能針對彼此的需要，給予正面的回饋，就可以減少許多不必要的衝突。

我們做出回饋時，**溫暖的言語、表情、肢體語言等等，都可以讓對方感受到自己被接納、被關愛。**

情侶在戀愛期間，彼此的聊天能像煲湯一樣，幾個鐘頭、幾個鐘頭地聊，愈聊愈有滋味。步入婚姻之後，如果也能繼續向對方開放地互動，婚姻生活怎麼會不甜蜜呢？

結婚久了，成了老夫老妻，彼此之間如果沒有繼續學習如何對話，婚前甜蜜「煲電話」的情景就只能成為歷史了。

夫妻之間的談話應該是「談心」，而不是只談事情。夫妻互相表達自己的感受與情緒，聆聽的一方表現出在乎與關心，而不隨便給意見，這樣的談心才能連結彼此的情感。

小結

原生家庭的互動方式，對人的影響很大，甚至會延續到未來所建立的家庭。在良性的互動模式下成長的小孩，也會有能力建立自己未來的美好家庭。

在不理想的家庭氛圍中成長的人，需要學習妥適的溝通方式，調整自己的人際互動模式，這樣才不會被負面經驗所左右，能夠開創新局，成就理想的家庭氛圍。

在家庭互動的關係上，每一個家庭成員都應該要有使命感，唯有互相接納、理解、包容和體諒，積極主動地相互付出，才能夠擁有幸福溫馨的家庭。

第五章

愛情關係

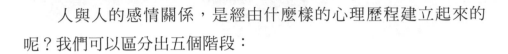

第一節　愛的學習

　　人與人的感情關係，是經由什麼樣的心理歷程建立起來的呢？我們可以區分出五個階段：

1. 互不相識。
2. 開始注意到對方的存在。
3. 表面接觸：這個階段會形成主要印象，如果沒有進一步發展兩個人的關係，就會停留在點頭之交。
4. 建立友誼：彼此會進一步互動，互相分享彼此的生活點滴，互有好感。
5. 建立知己或情侶關係：在這個階段會渴望「我心中有你，你心中有我」，兩個人如果是朋友，就會變成莫逆之交。兩個人如果有愛情的情愫在，就會開展戀人關係。

　　西方的發展心理學，研究人在不同的年齡階段，所會有的心理轉變和心智發展。美國教育心理學家赫威斯（Robert J. Havighurst, 1990–1991）提出「**發展任務**」（developmental tasks），他指出，**在國高中的青少年階段，發展的重點在於：**

1. 身體與情緒表達趨於成熟。
2. 能與異性同儕相處。
3. 能適應社會的性別角色。
4. 能接納自己的身體容貌。
5. 情緒趨於獨立，不再事事依賴父母。
6. 開始考慮選擇對象，為未來的婚姻做準備。
7. 學習專長，為未來的就業做準備。
8. 在行為上，開始有自己的價值觀念和倫理標準。

　　我們在國高中的階段，已經開始期待自己的愛情與婚姻。瑞士心理學家榮格（Carl Gustav Jung, 1875–1961）認為，「**愛情與婚姻，本質上就是修行**」。愛的能力是需要學習與培養的，這樣可以讓彼此擁有更美好、更健康的感情關係，進而建立更好的生命共融關係，攜手步入婚姻。對此，我們就從探究「愛情與個性」切入，來尋找如何讓自己成為更好的人。

　　青少年是情竇初開的階段，談戀愛時，我們會與異性有比較深入的相處，這也會有助於進入社會之後，能夠比較自然地與異性接觸或合作。所以青少年階段的愛情關係，可以說是我們成長過程中，一個學習和鍛鍊的機會，可以培養我們的判斷能力、表達能力和選擇能力等，能更好地與人溝通、合作，並且瞭解如何處理兩性關係。

美國心理學家羅伯特・史坦伯格（Robert J. Sternberg, 1949–）提出「**愛情三角理論**」（triangular theory of love），所謂「三角」，是指愛情的三個要素：

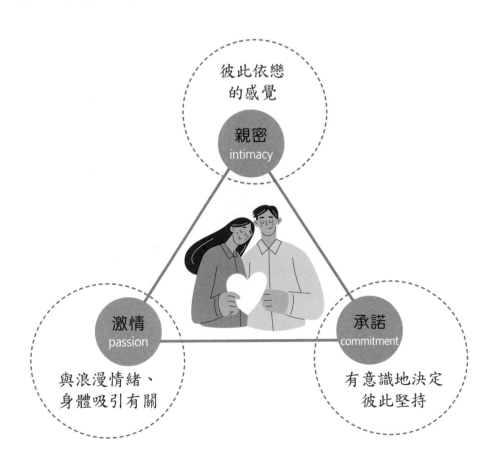

我們運用「激情、親密、承諾」這三個元素，來審視兩個人的愛情關係，可以組合成以下**各種感情關係**：

1　非愛慕關係
Non love
→ 三個元素都缺乏。

2　喜歡式愛情
Liking/friendship
→ 只有親密，例如友情。

3　迷戀式愛情
Infatuated love
→ 只有激情。

4　空洞式愛情
Empty love
→ 只有承諾，例如包辦婚姻。

5　浪漫式愛情
Romantic love
→ 有激情和親密，沒有承諾。

6　友伴式愛情
Companionate love
→ 有親密和承諾，沒有激情，比友情關係強烈。

7　愚蠢式愛情
Fatuous love
→ 有激情與承諾，沒有親密，例如閃婚。

8　完美式愛情
Consummate love
→ 具有激情、親密、承諾三個元素。

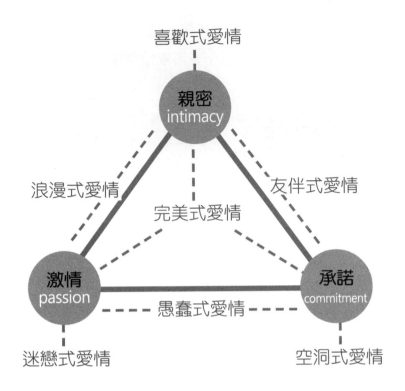

喜歡式愛情

親密
intimacy

浪漫式愛情　　　　　　友伴式愛情

完美式愛情

激情　　　　　　　　　　　　　　承諾
passion　　　愚蠢式愛情　　　commitment

迷戀式愛情　　　　　　　　　　空洞式愛情

	親密	激情	承諾
非愛慕關係			
喜歡式愛情	✔		
迷戀式愛情		✔	
空洞式愛情			✔
浪漫式愛情	✔	✔	
友伴式愛情	✔		✔
愚蠢式愛情		✔	✔
完美式愛情	✔	✔	✔

我們可以透過三角理論，來看自己的愛情關係，你的愛情偏重於某個要素嗎？是否缺少了某個要素呢？

　　例如，有激情、有親密，但是缺乏承諾，而承諾是保護一段愛情關係的關鍵。

　　這可以幫助我們審視情侶之間**相處的特點**和**不足之處**，也能幫助進一步瞭解自己想要的是什麼樣的愛情關係。

第三節　六種愛情風格

　　上一節講的是情侶之間的愛情關係類型，這一節講的則是個人的愛情風格。

　　有人喜歡浪漫的愛情，有人偏好柏拉圖式的愛情。加拿大社會學家約翰・李（John Alan Lee, 1933–2013），他在1973年的著作《愛的顏色》（*Colors of Love*）一書中，歸納了**六種愛情風格**：

1　浪漫之愛 Eros → 將愛情理想化，強調形體美，追求肉體與心靈合一。

2　遊戲之愛 Ludus → 視愛情如遊戲，所謂的遊戲人間，不樂意為愛負責任。

3　同伴之愛 Storge → 由友誼進到愛情，溫柔多於熱情，是一種平淡的愛情。

4　實用之愛 Pragma → 愛情就是現實生活中的實踐，例如傳宗接代的想法。

5　依附之愛 Mania → 願意付出強烈感情，也要對方回應，會顯現出很大的占有欲。

6　奉獻之愛 Agape → 肯定愛情是付出，願意為愛情犧牲一切，不求回報。

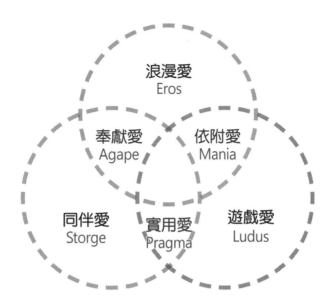

浪漫愛
Eros

奉獻愛
Agape

依附愛
Mania

同伴愛
Storge

實用愛
Pragma

遊戲愛
Ludus

　　渴望愛情的青年男女，很容易只看到外在的條件，而忽略了一段愛情需有堅實的情感交融。認識自己和對方的愛情風格，可以有助於互相瞭解，並尋求能互相滿足彼此需求的方式，而不是在互相的不理解或誤會中，不斷地發生衝突。

我們不是天生就懂得如何愛別人的，
我們應該學習認識自己的不足，
願意放下自己的執見，謙虛學習，
突破自己的問題和限制，
這才是愛自己和愛別人的不二法門。

第四節　愛情對象的個性

　　我們在尋求愛情的對象時，會很大程度地被對方的「個性」所吸引，那是什麼是個性呢？

　　「**個性**」是一個人的整體面貌，從精神到氣質，包含我們所學習到的世界觀、人生觀、倫理觀、道德觀、信念、興趣、能力等等，是相對穩定的心理特徵總和。

　　我們的人格構成，是在先天遺傳和後天環境因素交互作用下，逐漸發展出來的。而個性的形成，則和先天因素關聯性較低，主要取決於**後天的環境和學習**。因此學校教育、社會環境、職業、個人努力的差異，會形塑出每個人的個性特點。

　　我們可以簡單區分出一些**愛情對象的個性**，舉例來說有：

1

悶騷型

說話不利索，做事不乾脆，不輕易表達情感，愛的表達較為緩慢。

2

宅男型

整天待在家裡，生活圈中只有自己、不擅與人相處。

3

腹黑型

表面上和善良，實際上藏有心機或是不好的想法。

4

理性型

用理性的態度接近愛情，重視人際關係和家庭生活中的和諧。

5

療癒型

能夠帶給別人療癒感，令他人的身心平和。

6

溫柔型

願意同理他人的情緒和需求，能夠給予關懷與保護。

7

霸道型

思維行為偏向專橫無禮，一切以自己的意見為主，難以接納他人的想法。

8

陽光型

凡事總能樂觀以對，常以微笑回應他人，給人風趣幽默好相處的印象。

✠ 以上這八種類型，你自己比較像哪一種類型的呢？

✠ 你比較喜歡哪一類型呢？為什麼？

✠ 你覺得個性的好壞或類型，是愛情成功的重要因素嗎？為什麼？

美國心理諮商專家蘇珊・沃格（Susan Vogt），數十年來帶領五千對以上的新人，進行婚前輔導與準備，她表示：

選擇伴侶時，彼此的個性、價值觀、承諾和溝通等，
都是由愛情走向成功婚姻的重要條件。

「門當戶對」用個性的角度來看，也就是在**個性上比較能夠相互融合**。當然，不同個性會有互補之益，但是卻潛藏著溝通困難，或是生活方式比較難以共融。

愛情是很生活化的，兩人總是要一起共同生活，所以兩人的相處情況，會很大程度地影響兩人是否想繼續交往下去的意願。

愛情，是兩個親密的靈魂**在生活中實踐忠實、善良、關懷，並感受到和諧與默契**。

英國作家艾瑞斯・梅鐸女爵士（Iris Murdoch, 1919–1999）說：

「真正的愛，能夠帶來無私的眼光，幫助我們看見，
使我們對他人有最真實的認識。」

　　透過愛情關係，我們可以認識自己，也認識他人，進而成就彼此。你可以自問以下這些問題，這可以幫助你在愛情關係中看清自己的一些問題。

1 你期許自己有什麼良好的特質，來擁有一段美好的愛情？

2 你認為什麼樣的個性或特質，會影響一段美好的愛情？

3 你覺得自己可以如何培養良好的個性與特質呢？

4 良好的個性應該具備自我控制的能力，你認同嗎？

第五節 愛情的內涵與迷思

愛的內涵

首先,我們先來認識一下「愛」的內涵。在愛的頻譜上,有親子之間無私的愛、手足之間共患難的愛、男女之間情欲的愛、自我成長的愛己之愛、利他之愛,還有人與神之間的永恆之愛。

精神分析心理學家佛洛姆(Erich Fromm, 1900–1980)在《愛的藝術》(*The Art of Loving*)一書中表示:

> 「愛」不只是羅曼蒂克、虛無飄渺的愛情之愛,愛是藝術,需要知識與努力。大多數人喜歡聽不切實際的愛情歌曲,卻不願意去想「愛情是需要學習的」。

愛是人格的培養,也是一種關懷能力,展現在能夠謙恭、勇敢、真誠地愛自己與他人,達成人格的圓滿與成熟。

佛洛姆提出了愛的四項特質：

1　給予　→　愈成熟的人，愈樂意給予，也能在給予之中，體驗到自身的力量，因而生氣勃勃。

2　責任　→　這是一種自動自發的行為，隨時準備好去回應他人的需求，特別是心理上的需求。

3　尊重　→　英文respect的字源「respicere」，是「注視」的意思，意指「他人是什麼樣子，我就照他的樣子來認識他」，認知到別人獨特的個人性，並讓他依他自己原本的樣貌去成長和發展。

4　瞭解　→　願意用關愛的眼神和行動上的付出，積極主動地進入他人的生命，深刻地瞭解他人。

愛情的迷思

人們在愛情關係中，會陷入一些迷思當中，常見的迷思有：

1　以為愛情會從天而降。

2　以為命中注定我愛你。

3　以為遇見對的人，自己會知道。

4　以為靈魂伴侶才能達到最美好的關係。

5　以為真愛是萬靈丹。

6　以為真心相愛，就應該要懂得彼此的想法和感覺

7　以為不用說出口，對方就應該要知道我的想法。

8　做什麼事都要在一起。

9　愛我，就要以我為主。

10　愛我，就要按照我的話去做。

11　愛我，就應該為我改變。

12　愛我，就要給我安全感。

13　把對方的愛視為理所當然。

14　期待對方應該主動為自己做很多事。

15　其實是在控制對方，卻以為是雙方在磨合。

16　以為打是情，罵是愛。

17　以為自己有權利在對方面前盡情地發洩情緒。

18　不開心的事就不要談，以免傷感情。

19　怕對方生氣，所以有委屈也不講。

20　在愛情中失去自我。

21　以為興奮感消失，是愛情崩壞的徵兆。

22　以為是因為自己不夠好，所以對方才會離開。

　　我們在愛情關係中，必須保有理性態度和思辨能力，打破愛情的迷思，增進彼此的互相瞭解和溝通，學習更好的相處方式和愛情態度，讓雙方能夠一起成長，擁有更健康美好的關係，豐富彼此的生命。

網路交友

現在是網路時代，網路交友成了人們相識、相戀的主要方式之一，所以我們有需要瞭解網路交友的安全問題。網路無遠弗屆，能迅速地拉近人們的關係，相對地也隱藏著各種危機。而網路交友潛藏的人身安全問題，是每一個人都要面對的嚴肅課題，大家務必留意各方面的叮嚀，保持謹慎，例如：

1 要慎選網友
2 要有適當的戒心
3 勿金錢往來
4 勿透露個資
5 避免單獨約會
6 注意對方言辭，防止肢體接觸
7 不接受對方給予的飲料或食物，以防下藥

第五章 愛情關係 ♥ 第五節 愛情的內涵與迷思

第六節　愛與性

　　愛情關係是我們人生中很重要的一部分，對我們的身心影響很大，大家應該好好思索下列的問題，創造自己真正想要的幸福愛情與婚姻：

- ✠ 真愛是什麼？
- ✠ 性是什麼？
- ✠ 性與真愛之間，是什麼關係？
- ✠ 沒有真愛的性，會是什麼樣子的？

　　你認為動物的「性」，所表達的是什麼？「性」是生理現象、是生存動力、是繁衍之必要，不論人類或動物都具有「性」。但是除了動物的性，**人類的「性」更具有心靈的需要，和「愛」密不可分**，這也是身心成熟的表徵。

　　在「愛情」的成分中，兼具了愛的心理和生理的需求。「性」不只是本能，也是一種愛的表達，推動我們走出自我，走向所愛的人，並且願意為對方付出所有的能力。

　　精神分析心理學家佛洛姆說：

愛，是希望和另外一個人融合，與對方完全合為一體的欲望。

　　「性」需要真實的、可靠的「愛」來做基礎。相愛的兩個人，彼此表達愛意，尋求身體的結合，這是很自然的事情，但是如果沒有愛做基礎、身心不夠成熟，也沒有婚姻的保障與盟約，那都不免是一段有著疑慮的愛情關係。

　　大家可以省思一下：

✠　你覺得性愛合一的愛，是你對愛情關係的要求嗎？
　　為什麼？

✠　合一的愛，會讓你想到什麼？體會到什麼？
　　你會期待嗎？

　　愛是一種德行。**在真愛之中，才能真正展現「性」的美好**。真正合一的性愛，是透過有著永恆盟約的婚姻關係，在彼此的真愛承諾中，得以無後顧之憂，以溫馨與浪漫的方式，全然地給予彼此的身心。

第七節　愛情與幸福

愛的真諦

　　真正的愛情，能帶來真正的幸福嗎？即使面對人生中的悲歡離合，仍有真正的幸福嗎？

　　「幸福」來自於完美的愛情，而完美的愛情，絕非僅是一時的浪漫或瞬間的激情而已。並不是婚姻沒有問題，或是兩個人已經建立完美關係之後，才有幸福。什麼是幸福呢？是兩人願意攜手走向完美愛情，我們可以借用《聖經·格林多前書》這幾行字，來說明愛的真諦，這是幸福之中所體現的美德實踐，也是婚姻倫理所追求的目標。

> 愛是含忍的，愛是慈祥的，愛不嫉妒，不誇張，不自大，
> 不作無禮的事，不求己益，不動怒，不圖謀惡事，
> 不以不義為樂，卻與真理同樂：
> 凡事包容，凡事相信，凡事盼望，凡事忍耐。愛永存不朽。

　　接下來，我們逐句來說明這段愛的真諦。

【愛是含忍的，愛是慈祥的】

「含忍的」不是一般的容忍，而是一種**在真愛中的接納與寬容**。「慈祥的」是一種溫柔的態度，一種以行動為主、言語為輔的愛。幸福在兩人的接納與溫柔之中，完全地把自己給予對方，不求回報。

【愛是不嫉妒，不誇張，不自大】

相愛的兩個人，不僅不應該互相嫉妒，更應該互相欣賞，並樂於分享彼此。

在愛情的關係中，不論彼此的身分地位，都應該互相尊重，平等相待，並在謙懷的互動中，走向圓滿的幸福。

【不作無禮的事】

有真愛的人，無論處於任何境況，也不會惡言相向，而是溫柔地對待彼此。

【不求己益，不動怒，不圖謀惡事】

在愛情的關係裡，願意慷慨的犧牲小我，成全大我，並且努力減少負面情緒，以免互相傷害。如果負面情緒不斷累積，會形成惡性循環，這對愛情和幸福是很大的傷害。

【不以不義為樂，卻與真理同樂】

我們引用天主教教宗方濟各的話來說：「家庭必須常是分享快樂的地方，任何成員遇到快樂的事，都相信家人必會與他同樂。」

【凡事包容，凡事相信，凡事盼望，凡事忍耐】

要在真愛之中合而為一，確實需要彼此的包容與忍耐。我們要相信，每個人雖然都有限度，但是生命仍是充滿無限的可能，即使有部分的缺失，也不影響整個全人。凡事忍耐的愛情，可抵擋任何威脅，克服各種的考驗與困難。

【愛永存不朽】

「人生無常，唯愛永恆」，面對無常的人生，唯一的「常」就是無常，在這當中，只有愛是永恆的。沒有愛的人生，將是難以想像的。

〈格林多前書〉的這短短幾行字，寫盡了古往今來愛情的最高價值，是所有美德的實踐。在現階段中，我們不求事事具備，只需汲取其中一句作為愛情中堅持的核心，就能帶給我們智慧和力量。

完美式愛情

在本章的第二節，我們介紹了**史坦伯格的「愛情三角理論」**，其中的三個元素各代表了三個層面：

- ♥ 激情（passion）：動機性的，表現出愛情的行為。
- ♥ 親密（intimacy）：情感性的，這是愛情的情緒。
- ♥ 承諾（commitment）：認知性的，這是一種決定的行為。

其中的「完美式愛情」，則包含了上述這三個元素，這是幸福愛情的必要條件。這三個元素，可以換成以下的句子來闡述：

- ♥ 雙方都願意付出愛的行為。
- ♥ 雙方都能感受到愛與被愛。
- ♥ 雙方都願意守護這一段愛情。

成熟的愛，建立在雙方的相愛、瞭解、尊重，以及雙方對未來有共同的承諾和責任。完美的愛情所創造出來的真正的幸福，也必然會提高到精神或靈性層次，在對彼此的接納與包容中，體驗到真正的愛。

啟明之愛

我們再重複引用本章第四節的一段話：

「真正的愛，能夠帶來無私的眼光，幫助我們看見，
使我們對他人有最真實的認識。」

這是英國作家梅鐸女爵士的話。**「無私的眼光」，會讓我們
願意為所愛的人奉獻一切。**相對於「盲目的愛」，這是一種「啟
明之愛」，能夠讓我們去除自我的本位主義，而將原本的私欲偏
情，昇華為無私利他的尊重之愛。

「啟明之愛」，讓人在愛情之中認識到自己和他人，得到新
的人生的眼光。愛情不是任性與放肆，而是**接納與理解**。愛情也
不是縱情的滿足，而是**學習與成長**。當然，這種透過愛情關係的
自我認識到生命的昇華，是一個相對漫長的過程，但是真正的幸
福不是速食，而是耕耘而來的。

我們可以省思以下這些問題，來幫助自己認識愛情和幸福：

✠ 如何藉由愛情的學習，對他人有一種「全新的眼光」？

✠ 有所謂「完美的愛情」嗎？

✠ 幸福的愛情，可能包含哪些不完美呢？

在理想的愛情關係中，我們必須**學習放下我執**，以耐心寬容的溫柔目光，來注視所愛的人，而不是掌控對方。

我們必須接納對方是一個獨立的個體，而非附屬於自己的存在，這樣才能夠擁有成熟健康的關係。

成熟的愛情，知道**保留自己的獨特性與完整性**，並在彼此尊重的前題下結合，如此也才可能在愛情中產生積極主動的力量，打破人與人之間有形無形的高牆，讓人脫離孤獨的狀態。但是，自己仍是自己，在真愛中，兩個人雖是一體的，但始終是兩個人。

第六章

婚姻關係

第一節　關係的改變

　　在愛情關係中，通常有一到兩年的熱戀期，在這個期間，身體的荷爾蒙會有所變化。等到熱戀期慢慢地過去，荷爾蒙也會慢慢地回歸正常。過了熱戀期之後，曾經的「情人眼裡出西施」，是否成了黃臉婆？婚姻真的是愛情的墳墓嗎？

　　「書畫琴棋詩酒花，當年件件不離它；
　　而今七事都更變，柴米油鹽醬醋茶。」

　　上面這首打油詩，體現了婚前婚後的不同。當然，進入真實的婚姻，需要面對基本的生活需求，但是，仍然可以有精神上的追求，或是更高的自我實現。

　　個人經由愛情關係，走向婚姻關係，組織家庭，成為社會的基本單位。不過，因為來自不同家庭的兩個人，有各自的生活習慣和價值觀，所以步入婚姻關係之後，就要面對很多新的人生課題，需要很多的學習和調整，才能擁有和諧的家庭關係。

　　美滿的婚姻造就幸福的家庭，幸福的家庭能夠帶給人們身心靈的正向發展，社會也會因此更安定和諧。

首先，我們先來看**從「愛情關係」到「婚姻關係」的改變**。愛情關係大致上是以情侶雙方的互動為主，關係較為單純，遇到問題時也比較容易處理。但是，一旦兩個人想要結婚組織家庭時，就會有很多外在的人際關係會加入進來，所以需要很多的調整和學習，否則會難以適應婚姻關係。

在愛情關係中，看到的是對方身上所散發出來的光與熱。在婚姻關係裡，卻常常因為小事而摩擦。

一旦締結為夫妻，我們應該要用什麼態度來面對
對方的缺點、疾病或失敗呢？

來自不同家庭的兩個人，有著不同的個性、習慣、思維、期待，如果要共同建造一個幸福和諧的家庭，就**需要彼此的接納、寬容和忍耐**。

結婚之後，回歸到平淡生活，這是人生階段的轉變，夫妻雙方都應該要有這樣的認知。不過話雖如此，婚姻生活仍是充滿寶藏的，只要我們用心去經營、去學習、去感受，就能在平淡的婚姻生活中，看到生命中的各種火花。

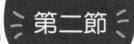
婚前的準備功課

在結婚之前，應該好好地**省思婚姻的問題**，例如：

✠ 你對婚姻有什麼想法呢？

✠ 婚姻真的是愛情的墳墓嗎？還是愛情的延續？為什麼？

✠ 你選擇結婚的對象，要有哪些條件呢？

✠ 你覺得經營婚姻的方法有哪些呢？

✠ 你覺得婚姻的挑戰有哪些呢？

✠ 你覺得成熟的愛是什麼呢？

在一項「國人對婚姻與生育態度研究」中顯示，在20-39歲的未婚人士當中，有三分之一的男性不想結婚，有一半的女性不想結婚。原因除了工作忙碌、缺乏交友管道、經濟壓力比較大，還有一個心理的因素，那就是對婚姻的不信任。在愛情關係中可以不合則散，但婚姻關係就複雜得多了。婚姻關係是兩個家庭的結合，會牽扯到的人和層面很多。

在步入婚姻之前，我們就應該對婚姻有基本的認識。我們也可以透過婚前輔導，進一步認識彼此不同的成長背景、家庭文化，加深自我的認識、增進彼此的瞭解，為未來的婚姻生活做更好的準備。

婚前輔導著重的面向包括：

1 夫妻的溝通
2 價值觀
3 家庭財務
4 衝突的化解
5 性愛
6 婚姻的神聖性
7 永恆的盟約

在走上紅地毯之前，應該瞭解彼此的原生家庭，清楚地認識各自對婚姻的期待，更深程度地認識雙方的個性差異，知道如何增進彼此的關係，遇到問題時，也知道如何尋求解決之道。

在走進婚姻的殿堂之前，你可以想一想下列的問題：

✠ 眼前這個人，真的是將與我相伴一生的人嗎？

✠ 他會是個好伴侶嗎？

✠ 他真的準備好結婚了嗎？

✠ 他足夠成熟嗎？

✠ 在婚前，還有什麼需要面對的問題嗎？

✠ 我們之間目前遇到的問題，可以解決嗎？

✠ 他會是個好爸爸、好媽媽嗎？他喜歡孩子嗎？

✠ 遇到問題時，他的態度是正面的，還是抱怨的？

✠ 他有信仰嗎？如果沒有，他的態度開放、願意學習嗎？

幸福的婚姻需要同理、包容、關心、成長，這都要透過實際行動的努力，互相珍惜，才能創造婚姻的天堂。

婚姻契約

真實的婚姻是一連串的任務與挑戰，所以就有了「婚姻契約」的需求出現，這也就是大家常聽到的婚前契約，這是針對在婚姻關係中，先列出可能導致夫妻衝突的問題，先進行討論和訂定解決辦法。

常見的**婚姻契約內容**有：

✠ 夫妻姓氏：冠夫姓或冠妻姓。

✠ 子女姓氏：從父姓或從母姓。

✠ 財產分配：可選擇共同財產制或分別財產制。

✠ 婚後居所：是夫妻兩人同住而已，還是要與公婆、岳父母或他人同住。

✠ 生活費用分配：先講好生活費用的支出調配等細節。家庭主婦可以主張「家務有給制」，為自己的勞務付出爭取應得的零用金。

✠ 家務分工：在雙方互助的原則下做調配。

✠ 子女教養：先講好子女如何教養的各種細節。

婚姻契約並不是夫妻的互相防備，而是預視婚後可能的問題，幫助雙方能對婚姻做深刻的省思，並且學習相互尊重、包容、溝通和協調，建立成熟的婚姻關係。

第三節　婚姻的承諾與經營

婚姻的承諾

民法980條規定，男性滿十八歲，女性滿十六歲，並且「應以書面為之，有二人以上證人之簽名，並應由雙方當事人，向戶政機關為結婚之登記。」

在法律上，結婚要件，是年齡、見證和登記。在精神上，婚姻的意義是**雙方願意讓兩人身心靈的距離最小化**，彼此坦誠相見，毫無遮掩地生活在一起，所以說，學習婚姻所帶來的各種課題，是非常重要的。

有一些年輕人會選擇在教堂進行結婚儀式，覺得很浪漫、很神聖，尤其是結婚誓詞，表達了終身的承諾：

「我某某某，願遵照教會的規定，接受你作為我合法的妻子（丈夫），從今以後，環境無論是好是壞，是富貴是貧賤，是健康是疾病，是成功是失敗，我要支持你，愛護你，與你同甘共苦，攜手共建美好家庭，一直到我離世的那天。我現在向天主宣誓，向你保證，我要始終對你忠實！」

這段誓文拉開了婚姻的序幕，雙方帶著這份真誠的意願，開始新的人生階段。婚姻非兒戲，婚姻的經營需要很大的用心，也需要實際的具體行動來實踐，才能成就美好的婚姻生活。

婚姻的經營

在婚姻關係中，雙方的結合是「二而一，一而二」，你是否有這樣的疑問：

✠ 婚姻會限制生命的自由嗎？
✠ 夫妻會活在以對方為中心的世界裡嗎？

的確，有不少的已婚者在婚姻生活中失去了自我，無法呈現真正的自己來生活。

一份成熟的愛，首先是擁有**自身的獨特性和生命的完整性**，然後在愛之中產生力量，突破人與人之間的隔閡與界線，走向合一的愛，但是仍舊是兩個人，生命自由並不會受限。

人是身心靈的存在，身體的層次雖然會被欲望影響，但是在良好的愛情與婚姻中，兩人的關係是充滿前景與未來的，不會停留在感官的滿足與享樂。我們需要在愛情中學習，守護婚姻。這種願意為所愛的人付出的崇高情懷，就是生命的一種自由。

英國作家巴法利・尼克斯（Beverley Nichols, 1898–1983）
說過一句很有名的話：

「婚姻是一本書，第一章寫的是詩篇，其餘都是平淡
的散文。」

婚姻關係充滿了課題與挑戰，雙方都應該用心經營，相互學
習與成長。以下是**經營婚姻關係**的一些建議：

1. 幸福婚姻需要彼此不斷用心地經營，不是婚結了
   就沒事了。
2. 即使結婚了，也要持續培養感情。
3. 接受對方的缺點，懂得互相包容和理解。
4. 互相溝通，尊重彼此的想法，不可一味要求對方要
   配合自己。
5. 不可以把對方的辛勞和付出，視為理所當然。
6. 不要想完全占有對方，自己也不可以過度依賴對方。
7. 容許對方擁有自主的空間，可以決定一些個人的事。
8. 即使工作很忙碌，回到家裡也不要忘記關懷對方，
   要用心和對方相處。
9. 自己要保持敏銳性，不斷地學習與進步。
10. 鼓勵對方繼續個人成長，發揮自己的潛能，能夠
    自我實現。

第四節 婚姻關係的中斷

婚姻是一座圍城,「城外的人想衝進去,城裏的人
想逃出來」。

這是錢鍾書的小說《圍城》裡的名句,原本是期待「王子與
公主從此過著幸福快樂的日子」,結果卻是:

結婚彷彿金漆的鳥籠,籠子外面的鳥想住進去,籠內
的鳥想飛出來。所以結而離,離而結,沒有了局。

台灣的離婚率逐年攀高,年度的離婚率超過四成。面對愛情
或婚姻關係的中斷,有些人會變得不再相信愛情和婚姻,甚至封
閉自我。失戀或失婚,有可能成為人生中一次重大的失落,造成
個性的改變。

✠ 婚姻經營中,你覺得最難的是什麼?
✠ 婚姻中斷時,你覺得最難的是什麼?
✠ 婚姻中斷是「契機」嗎?

失戀和失婚是一種關係的中斷，這樣的改變會產生很大的變化和影響。輕者，會有一段情緒低落的時間，需要努力地重新調整；重者，可能帶來生活的困難與生命的危機。

面對婚戀關係的中斷，保持以下的態度，將有助於度過關係中斷的困境：

1 循序漸進，冷靜處理。

2 盡量保持理性，避免發生危險。

3 維護雙方的尊嚴。

4 勇敢溫柔地接納所有的情緒。

婚姻關係的中斷是一個痛苦的過程，也是人的一個很大的轉折。我們可以學習用正向的態度面對人生，讓痛苦成為生命的禮物，讓逆境變成生命的祝福。

第七章

與 大環節的
互動關係

第一節　我與社會的關係

前六章，我們談了自己和他人的關係，屬於人與周遭的小環節。本章則要從另一個角度，「**我與大環節**」的關係狀態中，探討個人與社會、世界、地球，乃至於宇宙的關係。

按《教育部重編國語辭典修訂本》的定義，「社會」是指：

- ✠ 由人及其互動所形成的集合體，通常具有特定的文化與制度。

- ✠ 某一階級或某些範圍的人所形成的群體。其組合分子具有一定關係，依此關係，彼此合作以達到一定的目的。

「社會」是人與人互動的大團體，有基本的文化和制度。除非我們離群索居，當個現代魯賓遜，獨自生活在荒島或林野之中，否則我們必然與社會產生密切的關係。我們跟整個社會是息息相關的，社會的成員愈是身心靈健康，社會就愈是安和樂利。個人的狀態如果不好，社會也會愈紛擾。

反過來說，如果這個由人所組成的社會，能夠建立良善的制度和基礎建設，可以創造商機和妥適的就業機會，人們能夠安居樂業，就能促成良好的社會動力。社會的制度中，如果能夠多注入安老扶幼的精神，建立相關的配套設施，妥善地照顧身障人士

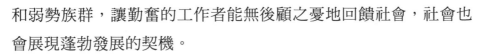

和弱勢族群，讓勤奮的工作者能無後顧之憂地回饋社會，社會也會展現蓬勃發展的契機。

　　人與社會的關係密不可分，我們應該要思索如何讓我們所居住的社會更加妥善。

良好的社會制度

　　良好的社會制度應包括：

✠ 為人民福祉服務的政府團隊（含中央及地方）
✠ 制定提升人民福祉的相關法案
✠ 貫徹與執行法案的能力

　　這裡面**包含了許多的相關條件**，例如：

✠ 如何能在法治選舉中，達到真正的選賢與能？
✠ 如何分辨政治候選人的政見，對人民福祉確實有益？
✠ 政府團隊如何制定提升、落實與執行對人民福祉真正有益的法案？
✠ 政府團隊如何使人民真能「老有所終、壯有所用、幼有所長、矜、寡、孤、獨、廢疾者，皆有所養」？

　　除此之外，你認為還有哪些項目和層面，是與社會制度息息相關的呢？

守法的公民

我們希望政府能夠建立施設良好的社會制度，我們自己也要成為守法的公民才可以。制度再好，如果缺乏守法者，制度很容易流於虛設。公民教育很重要，要讓公民有守法的概念並遵行，就需要良好的法治教育。

例如，學校應教導學生遵守交通規則，「紅燈停、綠燈行」，這是所有社會公民的行路準則，不論有沒有交通警察在旁邊，大家都應該要遵守。但是，我們有時會在車水馬龍的道路上，看到家長載著孩子，穿梭在車流陣中，闖紅燈、蛇行爭道，這樣孩子如何能成為遵守交通規則的優秀公民呢？所以**法治教育不僅是學校教育的一環，也需要擴及到家庭和整個社會。**

除此之外，你認為還有哪些內容和守法有關呢？

妥適的居住環境

「**安全**」是社會公民的重要課題，馬斯洛的需求論中就有安全需求。例如：

- ✤ 如果居住地的交通沒有危險地段，居民行車就會安全。
- ✤ 如果政府都能注意消防檢測，居民的居住就會安全。
- ✤ 如果居住地有完善的醫療設施，對食品安全要求嚴格，居民的身心安全自然提高。

✠ 如果居住地的沒有滋事份子或失控的精神疾患，居民的外出就安全。

除此之外，你認為還有哪些與安全相關的事項呢？

願意付出的良善行動

如果政府團隊和居民都能依照上面所敘述的內容行事，社會就不會有問題了嗎？不是的，為什麼呢？因為天有不測風雲，人有旦夕禍福，天災人禍會突然降臨，可能讓人痛失家園和親人。這時候，除了政府團隊的救災救難，還需要大家將心比心，有感同身受的同理心，願意為他人伸手援手，有錢出錢，有力出力，具備服務的精神與行動。

台灣引進各項「服務—學習」的行動專案之後，各類志工團隊紛紛成立，推動公益服務，許多社會人士和學生願意付出自己的時間、精神、勞力，去為弱勢族群服務，讓安養中的長者感受到心靈的慰藉，身心障礙的族群能夠獲得更多的照顧，這是社會的良善動能。

除此之外，你認為社會上還有哪些良善的行動呢？

地球村

「世界」指的是地球上的所有的地方和國家。從地理上來說，世界分成七大洲與五大洋：

- ✠ 七大洲：亞洲、歐洲、北美洲、南美洲、非洲、大洋洲、南極洲
- ✠ 五大洋：太平洋、大西洋、印度洋、北冰洋、南大洋

這個廣袤的世界，如今因為科技發達，踏遍萬里江山的豪語，可以成為事實。拜科技發達之賜，地球成了「地球村」、「世界村」，「秀才不出門，能知天下事」，現在只要手機在手，就可以臥遊全世界。一百多年前，很多人一輩子沒有離開過自己居住的村落，如今交通便利，人們可以遨遊世界。

過去因為交通不便，北方很難吃到南方的水果，難怪唐朝時為了楊貴妃愛吃荔枝，千里送荔枝，跑死了許多匹馬。如今，我們可以在自己的居住地，吃到來自世界各地的水果和食物。地球村的狀態，讓人們能夠在家裡就享受到異國食物和文化。

除此之外，你認為還有哪些生活上的變化，是和「地球村」有關呢？

全球化的優與劣

二十世紀末，全球化的概念興起，國際基金組織對「**全球化**」的定義是：

1. 貿易和國際往來
2. 資本與投資的流動
3. 人口流動
4. 知識的傳播

全球化對人們的生活產生了廣泛的影響，帶來了很多發展與便利。**全球化帶來的優點**，例如：

✠ 國際文化交流密切。

✠ 人們的見聞增加。

✠ 國際旅遊興盛。

✠ 國際貿易發達。

✠ 容易取得世界各地的物產，生活便利。

✠ 經濟與物資的流動，帶來了世界性的商機。

住在這個大地球村上的人民，開展了眼界，成了國際人。然而**全球化的現象，相對地也帶來了許多的問題**，例如：

- ✠ 交通運輸的發達使國際貿易蓬勃發展，但是龐大的跨國企業能影響到國際外交，甚至各國的國內政治。

- ✠ 國際貿易如果發生紛爭，雖然有國際法的約束，但事實上卻不具實質的法律強制力。

- ✠ 地球村的人口流動，讓人有選擇居住的自由與可能性，移民風潮興起；但是另一方面，非法移民也造成了各國的社會問題。

- ✠ 恐怖主義所造成的世界性災難層出不窮，2001年9月11日，蓋達組織在美國幾處地方所進行的劫機恐怖襲擊事件，令世人難忘。

- ✠ 疾病也因為交通的便利而全球化，無一倖免，例如，2003年的嚴重急性呼吸系統綜合症（SARS），這是二十一世紀出現的第一個嚴重且易於傳播的新疾病。2019年11月，在中國武漢爆發的COVID-19疾病，隔年即隨著人們世界性的流動，開始蔓延至各國，造成了全球性的恐慌。

除此之外，你認為全球化還有哪些缺點和優點呢？

第三節 我與地球的關係

美國氣象學家愛德華‧勞倫斯（Edward Norton Loren, 1917–2008），提出了著名的「**蝴蝶效應**」（butterfly effect）理論，這是因果關係的現象，能夠應用到諸多層面。

這是說，**表面上一件微小的事件，如果沒有給予妥當的處理，就可能釀成巨大事件**，這種狀況也會發生在我們的生活周遭。我們住在地球上，如果沒有好好愛惜和保護地球，地球終有一天也會給予我們反噬之災。

瑪莉—珍‧羅斯特（Mary-Jayne Rust）在《地球就是諮商室》（*Towards an Ecopsychotherapy*）一書中極力呼籲，人類需要超越人類中心主義，好好珍惜大自然，不要再傷害大自然，這樣才能和「地球」這位大地之母和解。

環境保護

2021年末，一百餘國的領袖聚集在英國的格拉斯哥（Glasgow），參加聯合國氣候變遷大會（COP26）的時候，在瑞典的環保少女童貝里（Greta Thunberg, 2003–）的號召下，約有十萬人參加了在格拉斯哥的大遊行，要求政治人物、跨國企業和富裕國家，要對氣候變遷加快應對方法。

氣候變遷不是一朝一夕發生，我們所居住的地球，在近世紀中，發生了巨大的變化，這是為什麼呢？世界各個階層的人士，從不同的角度來尋求答案。

2015年，天主教教宗方濟各針對這個問題，頒布了《願祢受讚頌》（*Praise Be to You: On the Care for Our Common Home*）通諭，副標題是「論愛惜我們共同的家園」，內容**從多元的角度來審視環保的根源問題，這是身心靈整合性的反省，並提出人類整體生命應有的回歸之道**，希望能讓我們共同的家「地球」，獲得修復而生機重現。

這個通諭內容豐富，接下來，我們就以通諭為藍本，分五個層面來簡述。

一、我們的家園「地球」，出了什麼問題？

❶ 污染和氣候變遷

- ✠ 污染、廢棄物、丟棄文化：拋棄式文化、消費文化，使得地球成了最大的垃圾場。

- ✠ 近數十年出現的全球暖化現象，主要是因為人類活動所產生的高濃度溫室氣體（二氧化碳、甲烷、氧化氮等），生態系統遭受到空前的破壞。

- ✠ 氣候變遷是全球性的問題，嚴重影響環境、社會、經濟、政治和資源分配。

✠ 至2020年為止：

- 有23億7千萬人無法取得足夠的糧食，每十人之中，就有一人死於營養不良。
- 每天有250名兒童死於疫情和飢餓。
- 全球有三分之一的土地沙漠化，影響了二十億人口的生機。
- 全球每五個兒童之中，就有一人處於極端貧窮。
- 因氣候變遷而生成的風災、自然災害，逐年增加。
- 每天有18,000人死於空氣汙染。

2 水的問題

✠ 取得安全飲用水是基本人權，因為水是生存的必要條件。

✠ 水是維持生命和海陸生態系統的必要元素。醫療、農業、工業等等，都需要淨水的供應。在以前，水的供應相對穩定，現在很多地方的水供應不足，造成嚴重的後果。

✠ 窮人使用的水品質問題嚴重，不安全用水會導致疾病感染或死亡，包括由微生物和化學品所導致的疾病。痢疾和霍亂，都和衛生條件不足或缺乏用水有關。

✠ 數十年將出現嚴峻水荒，環境所造成的後果，可能影響數以十億計的人口，所以應採取緊急的補救行動。

3 生物多樣性的消失

- ✠ 經濟、商業、製造業的短視做法，掠奪地球資源，森林和林木的消失，導致物種滅絕，每年有數以千計的動植物品種消失。

- ✠ 環境評估多側重於土壤、水和空氣層面，但缺乏對生物多樣性衝擊的研究，物種或動植物品種的消失是很嚴重的問題。

- ✠ 亞馬遜和剛果盆地，或是巨大的蓄水層和冰河，是物種多樣豐富的區域。熱帶雨林的生態系統，有非常複雜的物種多樣性。如果濫墾濫伐，將導致無數物種消失，土地也會變得貧瘠。

4 人類生活品質惡化，社會生活質素下降

- ✠ 目前的發展模式和丟棄文化，影響了人類的生活。都會地區的居民生活在灰色叢林中，遠離了大自然。

- ✠ 人才高度往科技業傾斜、能源和公共設施的分配與使用不公、社會生活素質下降、暴力行為增加、毒品的販賣、年輕人使用毒品的趨勢上升等等，這是社會衰落的徵兆。

- ✠ 資訊的爆炸和混亂，造成心靈的污染。人在虛擬世界交流，可以在眨眼間選擇或刪除彼此的關係，脫離真正的人際關係，缺乏與外在世界的真實交流。

5 全球性的不公平現象

✠ 貧富差距日漸嚴重，受到環境影響最深的還是貧窮人。

✠ 當消費上升，連帶造成環境污染、運輸問題、廢物處理、資源消失，造成了更不利的情況。

✠ 不公平的現象，不只影響個人，也影響整個國家，這是國際關係中的倫理問題。

✠ 富裕國家的大量消耗，造成了暖化，影響了世界上的窮困地區，特別是非洲，氣溫的上升和乾旱，嚴重打擊農業。此外，富裕國家還將固體廢物和有毒液體，出口到發展中國家，讓情況更加嚴峻。

二、生態危機的人性根源

1 過度的「**人類中心主義**」，剝削了大自然和物種，人類自認為是萬物的主宰，思考角度往往只著眼於自身，而忘記了人類也是大自然的一分子。

2 「**拋棄式**」的邏輯，把「我」之外的他人和大自然，看成是物品。如果把人視為物品，人就會變得沒有角色，失去價值與尊嚴。如果把大自然視為物品，就會剝削或是過度支配大自然。

3 人具有生命的價值與尊嚴，如果沒有看到人比利潤更重要，用投資利潤、生產毛利來衡量人，就會將人性窄化，甚至物化。人性都能被窄化或物化了，何況是大自然呢？

第七章 與大環節的互動關係 ♥ 第三節 我與地球的關係

三、整體的生態學

要保護我們共同的家園地球，就要連結各個領域，從更宏觀與整體的觀點來探討生態。

1 環境和經濟、社會、行為模式，都會互相關聯和影響，我們要解決問題，就需要整體的評估和研究。

2 受到現代消費主義的影響，消費的物品產生污染，繁重的工作也破壞了人際關係，影響人際合作。

3 地方生態會大大地影響人們的生活，地方政府和社會團體應該對整體生態，擔負起保護的責任。

4 資本主義重視利益、忽略公益，但是地球的資源是普育大地和全體人類，而不是只照顧小部分人的發展。當資本主義行為破壞了公益，政府就需要發揮保護公益的責任。

5 人類不應該認為地球資源就是要來滿足自己的需要和享受，而且地球資源是有限的，我們應該珍惜。

6 人們應該關注後代子孫的生活，過度地開發地球資源，將使未來世代的人們資源匱乏。我們也應該擺脫自我中心的文化，世代之間要團結互助，讓地球得以永續發展。

四、探索和行動方向

1 各國與各地方應該展開對話，共同合作保護地球。

2 邀請各個專業領域的人士，與各國家對話，做出公平、透明、經過對話檢驗的決策程式，共同努力促進地球資源的再生和永續發展。

3 摒棄效率導向與短視近利的思維，共同承擔責任。

五、生態教育與生態靈修

1 **改變生活方式**：不受媒體和商業廣告的影響，擺脫消費主義的控制，建立簡樸的生活態度和行為。

2 **實行整體性的生態教育**：透過家庭、學校、社會，推動整體性的環境教育，提升大眾對生態危機的意識，從而改變觀念，展開實際行動，平衡生態環境。

3 **建立與大自然的家族性關係**：建立起人與內在、與他人、與大自然的連結共融關係，將宇宙視為大家族的關係，彼此關聯，相互依存。

4 **國家政府應制定相關的法制體系**，落實施行，國際間也應建立公約，相互約束和制衡。

5 **建立正確的個人環保行為**，特別是在能源使用上，例如：

- 注意個人內在的生命力。
- 扭轉個人的內在生活、行為、思想模式。
- 辨別資訊，不被商業廣告的言語所欺騙。
- 摒棄消費文化和時尚文化。
- 發展減碳的行動力。

除此之外，你認為還有哪些是與地球生態環保有關的呢？

第七章 與大環節的互動關係 第三節 我與地球的關係

151

第四節　我與宇宙的關係

　　1969年7月21日，美國太空船阿波羅11號（Apollo 11）登陸月球，太空人阿姆斯壯（Neil Alden Armstrong，1930–2012）邁出了「人類的一大步」，成為了第一個踏上月球的太空人。

　　2021年，科學家透過模型，探索120億年前宇宙初期的樣貌，看到氫氣密密麻麻光亮絲線所構成的「宇宙網」，這些宇宙網的亮光，來自先前未被觀測到的數十億個矮星系。大部分星系，包括我們所在的星系，都是在宇宙網上誕生。

　　2022 年，「中國天眼」發現了一個約兩百萬光年的巨大原子氣體結構，比銀河系大了二十倍，這是迄今為止，在宇宙中探測到的最大原子氣體結構。

　　我們所處的太陽系，是在銀河系的邊緣地帶。目前的研究顯示，銀河系有十億個類太陽系，而人類目前能探測出來的，僅約兩萬億個星系，相信在未來必定可以探測出更多的未知數。

　　這是多麼令人驚嘆的浩瀚宇宙。探測宇宙是科學家努力的目標，甚至想尋找其他適合人類居住的星球。僅管如此，對於我們現在居住的地球，我們應該要好好保護，這是我們人類居民應盡的責任與義務。

現今，科技達人和商業家們也朝著另一個未知的可能性發展，比特幣等加密貨幣、以太坊區塊鍊、非同質性代幣（NFT），到元宇宙概念的出現，這些都可能是未來的趨勢，面對這種虛擬與現實相互交換連結的狀態，未來充滿了變數。

不論是面對浩瀚宇宙的驚奇發現，還是面對科技新世紀的發展，我們最終還是需要**回到自己內心的小宇宙中，好好地安頓和滋養自己的身體、心理、靈性，發展蓬勃的生命力，進而和周邊的每一個小宇宙產生和諧共融的連結。**這種和諧共融的氛圍，能像漣漪一樣地擴散開來，而身處其中的每一分子，都能感染到這份福份。

除此之外，你認為還有哪些與宇宙相關的內涵呢？

感言

費時許久，終於完成了這本書。個人的有限性，讓書中仍有許多未竟之言，這除了是我個人的不足，也顯示「關係」是一門無止盡的大學問。事實上，沒有一套完美無缺的「關係學」，能讓我們學了以後，就可以在人際關係上無往而不利。

每一個人都在寫自己生命的「關係學」，這是一輩子的學問，也是極重要的學問。在寫作過程中，回顧生命歷程發生過的大小事，想起和親友攜手面對的生活點滴，不論是正向或負向，都豐富了我的生命。一直到現在，我還繼續寫著自己的關係學。

感謝父母給予我豐富的家庭生活，讓我從小對「關係」兩個字特別有所觸動。感謝每一個在我生命過程中與我同行的人，激發出我的寫作靈感，沒有他們的同行，不可能成為現在的我。

感謝師長們教導我如何去看待自己的關係狀態。感謝夥伴們在寫作過程中，提供給我許多寶貴的經驗。

感謝本書的另一位作者謝昌任主任（**本書第五章、第六章的作者**），他是我寫作的支持者，最後卻被我拐來現身說法。

感謝寂天文化事業股份有限公司對我的體諒與無限包容，才有這本書的出版。最後，更要感謝我生命的根源「天主」，因為我的一切都是來自祂的恩賜，願以本書光榮祂的名。

韓玲玲

參考書籍與資料

馬歇爾・盧森堡。蕭寶森譯。《非暴力溝通：愛的語言》。台北：光啟文化事業，2021。

樊登。《可複製的溝通力》。北京：中信出版社，2020。

賴佩霞。《我想跟你好好說話》。台北：早安財經文化有限公司，2021。

戴爾・卡內基。詹麗茹譯。黑幼龍主編。《卡內基溝通與人際關係》。台北：龍齡，1995。

李崇建。《薩提爾的對話練習》。台北：親子天下股份有限公司，2017。

葉李麗貞。《成功的溝通從家庭開始》。台北：光啟文化事業，2010。

托馬斯・埃里克森。易如譯。《溝通的困境：四色行為模式溝通技巧》。人民郵電出版社，2018。

Bill・Nerin。鄭玉英、王行編譯。《家庭重塑─探詢根源之旅》。台北：心理出版社有限公司，1992。

約翰・布雷蕭。鄭玉英、鄭家玉譯。《家庭會傷人》。台北：張老師文化事業股份有限公司，1993。

維琴尼亞・薩提爾。吳就君譯。《家庭如何塑造人》。台北：張老師文化事業股份有限公司，2000。

王以仁。《婚姻與家庭》。台北：心理出版社股份有限公司，2016。

翁桓盛、許孟勤。《婚姻與家庭》。台北：心理出版社股份有限公司，2019。

蓋瑞・巧門。柯美玲譯。《男孩vs.女孩5種愛之語》。台北：財團法人基督教中國主日學協會，2008。

洪培芸。《人際剝削》。台北：寶瓶文化事業股份有限公司。2019。

內達拉・格洛弗・塔瓦布。陳佳玲譯。《設限，才有好關係》。台北：三采文化股份有限公司，2022。

韓玲玲。《我們與自己的距離：如何認識你自己》。台北：寂天文化事業股份有限公司，2019。

劉桂光主編。《生命教育：活出精彩的生命》。台北：幼獅，2010。

佛洛姆。孟祥森譯。《愛的藝術》。台北：志文，2013。

翁育玲主編。《思維進化27堂課》。台北：幼獅，2022。

張春興。《現代心理學》。台北：東華，1996。

孫效智主編。《生命教育研究》。台北：國立臺灣大學生命教育研發育成中心、社團法人臺灣生命教育學會：第四卷第二期，2012。

陳芝音譯。《YOUCAT：天主教青年教理》。台北：光啟，2013。

李欣頻。《原生家庭木馬快篩》。台北：方智出版社股份有限公司，2022。

瑪莉-珍・羅斯特著。周大為、陳俊霖、劉慧卿譯。《地球就是諮商室》。台北：心靈工坊文化事業股份有限公司，2022。

孫大千。《企鵝發燒了：從比特幣到元宇宙》。新北市：博碩文化股份有限公司，2022。

天主教教宗方濟各。韋薇釋義。《願祢受讚頌》通諭。2015年。

MY NOTE

我
的
筆
記

我與 我之外 的距離

如何建立更好的關係

作　　者	韓玲玲 / 謝昌任
編　　輯	安卡斯
封面設計	林書玉
圖　　片	Shutterstock / ACworks
製程管理	洪巧玲

出　　版	深思文化創意科技有限公司
發 行 人	黃朝萍
電　　話	+886-(0)2-2365-9739
傳　　真	+886-(0)2-2365-9835
網　　址	www.icosmos.com.tw
讀者服務	onlineservice@icosmos.com.tw
出版日期	2023 年 7 月　初版一刷（200101）
郵撥帳號	1998620-0　寂天文化事業股份有限公司
	訂購金額未滿 1000 元，請外加運費 100 元。

國家圖書館出版品預行編目資料

我與我之外的距離：如何建立更好的關係 /
韓玲玲，謝昌任著．-- 初版 -- [臺北市]：
深思文化創意科技有限公司，2023.7 面；公分

ISBN　978-986-06891-2-9（平裝）

　　　1.CST: 人際關係 2.CST: 生活指導

177.3　　　　　　　　　　　　112010745